KB237183

광범위한 공급사슬관리 실행은 성과향상을 가져올 수 있는가

내일을여는지식 경영경제 1

광범위한 공급사슬관리 실행은 성과향상을 가져올 수 있는가

윤선희 지음

한국학술정보[주]

현대의 생산과 제조는 단독 기업으로 운영되는 것이 아니라 생산 및 조달, 구매 및 생산, 판매 및 유통의 과정이 서로 사슬(chain)을 이루며 복잡하게 상호 작용하는 시스템을 이루고 있다. 그리고 최근 기업 경영의 초점은 필요한 자원을 조달하기 위해 가치사슬상의 상, 하류 기업들을 소유하는 계열화 전략을 추구하기보다 기업 자산을 주력 사업에 집중시키는 방향으로 바뀌고 있다. 이런 관점에서 공급자로부터 최종고객에 이르기까지 공급사슬 내의 각 기업 간에 긴밀한 협조를 통해 공급사슬 전체의 효율성을 높이자는 공급사슬관리는 매우 유용한 전략 도구로 떠올랐다. 이러한 실무에서의 공급사슬관리에 대한 필요성과 관심의 증가는 연구 분야에서도 나타나고 있다. 그러나 실증연구 논문들이 공급사슬관리 개념의 방대함과 복잡함에 비해 단편적인 연구에 그치고 있어 공급사슬관리 전체의 상황을 판단하기에는 다소 어려움이 있다.

따라서 본 책에서는 공급사슬관리 전체를 잘 반영하고 판단할 수 있는 공급사슬관리 실행과 공급사슬관리 성과변수들을 정의하고자 하였다. 그래서 광범위한 문헌연구를 통해 공급사슬관리 실행에 대해 7가지 변수(파트너관계, 최종고객관계, 공급사슬관리 관련 정보기술, 정보공유, 정보품질, 린시스템, 연기 등)를 선정하였고,

공급사슬관리 성과에 대해서 5가지 변수(SC유연성, SC통합, 고객대응력, 공급자성과, 파트너십 품질 등)를 선정하였다.

그래서 이와 같이 선정된 변수들을 중심으로 공급사슬관리 실행과 공급사슬관리 성과 간의 관계를 살펴보았다.

첫째, 공급사슬관리 실행과 공급사슬관리 성과의 관련성을 확인함으로써 공급사슬관리 실행을 잘하는 기업이 공급사슬상의 성과를 높일 수 있다는 것을 검정하였다. 그 결과 공급사슬관리 실행수준이 높은 기업일수록 공급사슬관리 성과가 높은 것으로 나타났다. 분석 결과 설명력이 30.9%로 공급사슬관리 실행변수가 공급사슬관리 성과를 잘 설명하는 것으로 나타났다. 공급사슬관리 실행변수들과 공급사슬관리 성과변수 각각에 대해 다중회귀분석 결과 공급사슬관리 성과변수 중 '공급사슬 통합'과 '공급자성과'는 45% 이상의 설명력을 가진 것으로 보여 공급사슬관리 실행변수들이 이와 같은 성과변수를 잘 설명하는 것으로 밝혀졌다.

둘째, 공급사슬관리 실행과 공급사슬관리 성과 간에 '제품과 공급사슬방향 적절성'과 '최고경영자 지원'이 조절변수로서의 역할을 하고 있는가를 확인해 보았다. 조절변수로서의 역할을 하고 있다는 것은 공급사슬관리 성과를 촉진시킬 수 있는 방법을 모색하는 것으로 공급사슬관리 성과향상에 중요한 변수로서 의미를 갖는 것이다. '제품과 공급사슬방향 적절성'과 '최고경영자 지원'의 조절역할에 대해서는 두 변수 모두 조절역할이 있는 것으로 검정되었다.

이러한 결과는 공급사슬관리 실행을 통해 공급사슬관리 성과를 내고자 할 때, 기업에서 제품에 따라 공급사슬의 방향이 적절할 때 또한 최고경영자가 공급사슬관리에 대한 적극적인 지원과 이해가 있을 때 더 큰 성과를 거둘 수 있는 것으로 해석할 수 있다. 공급사슬관리를 통해 성과를 거두고자 하는 기업들은 공급사슬관리에 대한 실행 자체를 충실히 하고자 노력함과 동시에 공급사슬방향을 먼저 고민하는 노력과 최고경영자의 이해와 지원을 얻고자 하는 노력이 병행되어야 할 것이다.

셋째, 공급사슬관리 실행변수들 중 기술적 기반이라고 할 수 있는 '공급사슬관리 관련 정보기술'과 조직적 기반이라고 할 수 있는 '파트너십'이 선행변수로서의 역할이 있는가를 검정해 보고자 하였는데, 이를 통해 공급사슬관리 실행변수들 중 우선 고려해야 할 변수에 대해 알아보고자 하였는데, 두 변수 모두 선행변수로서 의미가 있는 것으로 검정되었다. 두 변수 중에서는 공급사슬관리 관련 정보기술의 선행변수로서의 설명력(Adj R^2 = 3%)보다 파트너십의 설명력(Adj R^2 = 10%)이 더 높았다. 이는 공급사슬관리 실행에 있어서 기술적 기반과 조직적 기반 모두 중요하지만 조직적인 측면이 더 중요한 영향력이 있다고 해석될 수 있었다.

본 연구를 통해 공급사슬관리 실행과 공급사슬관리 성과의 관계를 설명하는 데 있어서 공급사슬관리의 광범위한 개념을 포괄하는 변수를 이용한 실증연구를 통하여 통계적으로 의미 있는 결과를 얻었다. 또한 각 성과변수를 설명할 수 있는 실행변수들의 관계를 다중회귀를 통해 밝혀 봄으로써 공급사슬관리 실행과 공급사슬관리 성과에 대해 이루어질 후속 연구들에 변수들의 관계에 대한 가이드라인을 제시함으로써 적절한 변수를 이용하는 데 본 연구 결과가 도움이 될 것으로 사료된다. 이는 실제로 기업에서 공급사슬상의 원하는 성과를 높이기 위해 어떤 실행을 효과적으로 운영해야 할 것인가의 가이드가 될 수 있을 것이다.

설문을 통해 기업체 관계자들은 공급사슬관리 실행이 그에 대한 성과로 연결될 수 있는지에 대한 의문을 제기하면서 구체적으로 성과변수와 실행변수들 간의 관계에 많은 관심을 가지고 있었다. 본 연구가 실무자들이 가지고 있는 실질적인 의문에 도움을 줄 수 있을 것으로 사료된다.

본 연구를 위해 많은 도움을 주신 톨레도 대학의 폴 홍 교수님께 감사드리며, 늘 함께하시고 지혜를 주시는 하나님께 감사드린다.

윤선희

목차

제3장 연구 및 조사방법론 | 71

제4장 분석 결과와 가설 검정 | 91

제5장 결론 | 115

참고문헌 | 125

제1장 　서론

제1절 연구의 배경

현대의 생산 및 제조는 기업 단독으로 운영되는 것이 아니라 생산 및 조립업체와 많은 부품 및 원자재의 생산 및 조달, 구매 및 생산, 판매 및 유통의 과정이 서로 사슬(chain)을 이루며 복잡하게 상호 작용하는 시스템을 이루고 있다. 뿐만 아니라 단일 기업 내에서도 반제품과 완제품의 생산 및 조달 과정이 복잡하게 얽혀 있다. 그리고 최근 기업 경영의 초점은 필요한 자원을 조달하기 위해 가치사슬상의 상, 하류 기업들을 소유하는 계열화 전략을 추구하기보다 기업 자산을 주력 사업에 집중시키는 방향으로 바뀌고 있다. 이런 관점에서 공급자로부터 최종고객에 이르기까지 공급사슬 내의 각 기업 간에 긴밀한 협조를 통해 공급사슬 전체의 효율성을 높이자는 SCM은 매우 유용한 전략 도구로 떠올랐다.

공급사슬 내에 존재하는 여러 조직체들, 즉 자재공급자·생산자·도매업자·소매업자 혹은 소비자들은 상호간 수직계열적 관계라기보다는 상호 의존적 관계로 설명될 수 있다. 그래서 각 기업들이 치열한 경쟁에서 살아남기 위해 각각 차별적 우위를 가지는 분야에 집중하는 한편 그 밖의 것은 외부에서 조달하는 전략을 선택하는 과정에서 경쟁력 있는 공급사슬을 확보하는 것이 경쟁력의 관건이 되고 있다.

위와 같은 실무에서의 SCM에 대한 필요성과 관심의 증가는 연구 분야에서도 나타나고 있다. 그러나 실증연구 논문들이 SCM 개념의 방대함과 복잡함에 비해 단편적인 연구에 그치고 있어 SCM 전체의 상황을 판단하기에는 어려움이 있다.

단편적인 연구들은 다음의 3가지 핵심적인 질문에 답하지 못하고 있다(Kiefer and Novack, 1999).

첫째, SCM 실행이란 무엇인가?

둘째, SCM 성과는 어떻게 측정할 것인가?

셋째, SCM 실행에 영향을 줄 수 있는 변수는 무엇인가?

그래서 본 연구는 Kiefer and Novack의 논제에서 연구를 시작하였다.

제2절 연구의 목적 및 방법

1. 연구목적

본 연구에서 연구하고자 하는 목적은 연구배경에서 언급한 질문에 근거하여 다음과 같이 설정하였다.

첫째, SCM 실행변수에 대한 연구를 하고자 한다.

새로운 경영전략 기법들이 소개되고 적용될 때 기업의 실무자 입장에서 전략 기법에 대한 정의와 그 전략 기법을 설명할 수 있는 변수의 개발은 매우 중요하다. SCM과 같이 단일 기업전략이 아닌 기업 간의 연계전략으로 그 안에 내재된 개념적 거대함을 고려할 때 이는 중요하면서도 매우 어려운 일이 될 것이다. Monczka(1998)는 SCM의 어려움으로 여러 부분에서 접근하는 SCM, 조직 저항, 좋은 정보 부족, 개별 기업의 범위를 넘어서는 사고의 실패 등을 지적하면서 특히 필요한 측정시스템의 부재를 지적하였다.

실제 SCM에 대한 연구는 구매와 공급(Purchasing and Supply), 물류와 운송(Logistics and Transportation), 마케팅(Marketing), 조직행동(Organizational Behavior), 사업조직(Industrial Organization), 거래비용(Transaction Cost Economics), 계약관점(Contract View), 상황이론(Contingency Theory), 제도사회학(Institutional Sociology), 시스템 엔지니어링(System Engineering), 네트워크(Network), 베스트 프렉티스(Best Practices), 전략경영(Strategic Management), 경제개발(Economic Development) 등 많은 문헌에서 언급되고 있는 이론이다.

공급사슬과 공급사슬관리에 대한 여러 가지 표현들을 보면, 통합된 구매전략(Burt, 1984), 공급자통합(Dyer et al., 1998), 네트워크 공급사슬(Nassimbeni, 1998), 부가가치사슬(Lee and Billington, 1992), 린사슬접근법(New and Ramsay, 1995), 공급파이프라인관리(Farmer and van Amstel, 1990), 공급네트워크(Nishiguchi, 1994), 가치흐름(Jones, 1995), 부가가치네트워크(Cambell and wilson, 1995), 전략적 네트워크(Jarillo, 1993) 등 다양하다.

그래서 SCM이란 단어가 포함된 많은 연구들에서 단편적으로 연구된 SCM 실행요소들을 정리하는 과정 속에서 SCM 실행은 무엇인가를 설명할 수 있는 변수를 찾아내고자 한다. 이는 SCM을 실행하는 기업이나 SCM 실행에 대해 연구하는 연구자들에게 좋은 체크리스트나 벤치마크 자료로 유용할 것이다.

둘째, SCM 성과 평가 변수에 대한 연구를 하고자 한다.

기업을 경영하는 데 있어서 성과를 측정한다는 것은 매우 중요한 일이다. '계획 – 실행 – 평가'라는 경영 사이클에서 성과측정은 평가과정을 원활하게 수행하기 위해 필요하다. 성과측정에 있어서 또 다른 중요한 이슈는 성과측정 결과의 활용이다. 성과측정 결과를 바탕으로 유사 업종에 속한 타 기업들에 대한 성과측정치와 비교하여 해당 기업의 목표를 설정하거나 개선시켜 나가는 활동이 중요하다. 동종 산업에 속한 우량 기업과의 비교를 통해서 해당 기업의 열등한 부분의 성과지표의 차이를 극복하기 위한 개선방향과 개선전략을 수립하는 것은 SCM을 위해 반드시 필요한 요소이기도 하다. 이러한 벤치마킹과 연계한 SCM 개선전략의 수립을 위해서 SCM 성과측정은 반드시 선행되어야만 하는 과제이다.

그래서 본 연구에서 이용된 변수들이 SCM 성과를 충분히 설명할 수 있다면 기업 실무 차원과 후속 연구들의 SCM 성과자료로 유용할 것이다.

셋째, SCM 실행 정도가 SCM 성과에 영향을 주는지 알아보기 위해 회귀분석을 실시한다. 효과적인 SCM 실행은 SCM 성과를 향상시킬 것이다. 당연한 가설인 것 같지만 이 당연한 가설이 지지될 때 본 연구의 SCM 실행변수와 SCM 성과변수의 개발이라는 의미는 더 커질 수 있다.

많은 연구들이 SCM 실행과 사업성과의 직접 관계에 대해 실증분석을 하였고 유의적 관계가 있음을 증명하였다. 기업이 SCM을 실행하면서 궁극적으로 기대하는 효과는 사업성과의 향상일 것이다.

그러나 사업성과는 SCM 실행뿐 아니라 사업을 위해 실행한 많은 전략적 요소에 의해 결정되는 성과이며 이러한 전략들의 실행이 성과라는 효과로 나타나기까지 일정 시간의 흐름을 요구한다. 그러나 SCM을 실행하는 기업 입장에서는 SCM 실행만으로 나타나는 성과에 대해 궁금해할 것이고, SCM 성과변수는 현재의 SCM 실행 상태를 더 정확히 설명할 수 있을 것이다.

넷째, 최고경영자의 지원과 제품별 공급사슬 적절성이 SCM 실행과 성과 사이에 조절역할이 있는지 알아보고자 하였다.

최고경영자 지원은 SCM과 같이 장기간의 비즈니스 비전과 최고경영자 수준에서 거래파트너들 간의 통합이 필요한 전략적 시스템의 실행과 수용에 있어서 중요한 변수였다. SCM 실행의 다양한 의사결정문제에서 최고경영자 지원은 필수적이다(MacGrath, 1998, Mullen, 1998). 특히 SCM 실행은 정보기술에 대한 투자를 요구하고 있어서 자금 지원 부분에 있어서도 최고경영자 지원은 중요할 수밖에 없다. 또한 최고경영자 지원 없이 '전략적 공급자 파트너십', '최종고객관계', '정보공유', '린시스템', '연기(Postponement)'와 같은 장기간의 관여가 필요한 실행들은 불가능할 것이다.

그래서 본 연구에서는 최고경영자 지원이 SCM 실행과 SCM 성과 사이의 조절역할을 하므로 최고경영자 지원에 따라 SCM 성과 향상에 더 큰 영향이 있을 것이라는 관점에서 연구해 보았다.

또한 기업에서 생산하고 관리하고 있는 제품이 기능제품인지, 혁신제품인지에 따라 공급사슬의 방향이 달라야 한다. 이런 관점에서 Fisher(1995)는 사례연구를 통해 제품에 따라 적절한 공급사슬 방향이 있는 기업과 그렇지 않은 기업의 성과가 다름을 연구하였다. 본 연구에서는 최초로 Fisher의 주장이 실증적으로도 의미가 있는지 밝혀 보고자 하였다.

다섯째, SCM의 실행변수들 중에서 SCM 실행의 기술적인 기반이 될 수 있는 SCM 관련 정보기술과 조직적인 기반이 될 수 있는 파트너십이 선행변수로서 유의적인가를 검정해 보고자 하였다. SCM 관련 정보기술의 투자비용을 지불해야 하는 기업 입장에서 SCM 실행의 선행변수로서 의미가 있다고 밝혀질 때 기업의 SCM 관련 정보기술에 대한 투자에 확신을 줄 수 있을 것이다. 파트너십은 SCM 실행의 중요한 변수로서 연구되어 왔으며 실제로 성과에 영향을 주는 변수로서 연구되어 왔다. 본 연구에서도 다시 한번 SCM 실행에서 중요한 변수로서 의미가 있음을 검정함과 동시에 기술적인 기반과 조직적인 기반의 선행변수들의 역할의 설명력이 어떻게 다른가 비교해 보고자 하였다.

여섯째, SCM 실행이 SCM 성과에 영향을 주는지에 대한 보충연구로 SCM 실행변수들이 SCM 성과변수들 각각에 대해 통계적으로 유의적인지 알아보고, 유의적인 변수들 중 의미 있는 변수들을 추출해 보고자 한다.

이와 같은 연구는 이후 SCM 실행과 성과에 대한 사례연구 및 본 연구모형의 확장연구의 기초 데이터로 활용하는 데 도움이 될 것이며, 이는 특별히 연구과정 중 실무자들이 관심을 많이 가지고 있는 부분이기도 하였다.

2. 연구방법

위의 연구목적을 위한 실증연구의 절차와 방향은 다음과 같다.

첫째, SCM 실행변수와 SCM 성과변수를 발견하기 위해 다수의 연구문헌들을 통해 변수들을 추출하였다.

둘째, SCM 실행변수와 SCM 성과변수, 그리고 문헌을 통해 개발된 기타 연구변수들로 구성된 설문지를 이용하여 기업을 대상으로 조사하였다.

셋째, 회수한 설문지를 토대로 통계적 분석을 실시하여 설문항목의 신뢰성을 검정하고 연구목적에 적합한 분석을 실시하였다.

넷째, 통계분석자료에 근거한 전략적 의미를 찾기 위해 필요한 문헌연구를 추가로 수행하여 결론을 도출하였다.

제3절 연구의 구성

본 연구의 구성은 전체 다섯 장으로 내용과 범위는 다음과 같다.

제1장은 서론으로서 연구의 배경, 연구의 목적 및 방법, 연구의 구성을 기술하였다.

제2장은 선행연구에 대한 문헌연구로서, SCM의 필요성, SCM의 정의 및 연구경향을 살펴보았다. 그리고 본 연구의 주제와 관련된 연구단위들로 SCM 실행변수, SCM 성과변수, 최고경영자 지원, 제품별 공급사슬 적절성에 대하여 이론적 고찰을 하였다.

제3장은 본 연구의 실증연구를 위한 연구의 모형을 설계하고 연구내용 및 가설설정과 실증연구방법을 제시하였다.

제4장은 제3장에서 제시된 연구가설을 실증분석 자료를 토대로 검정하고, 실증연구 결과의 전략적 의미를 분석하였다.

제5장은 결론으로서 본 연구의 결과를 요약하고 본 연구의 이론 및 실무에의 기여점과 본 연구의 한계 및 향후 연구방향을 제시하였다.

제2장 문헌연구

제1절 공급사슬관리의 정의 및 연구경향

1. 공급사슬관리의 필요성과 정의

제조업체들은 종래의 라인, 공장 또는 기업 내의 생산성 향상, 리드타임 단축, 원가절감, 품질제고를 위한 합리화 및 리엔지니어링, 기업통합 및 정보화, 자동화 및 컴퓨터 통합생산(CIM) 구축 등에 노력해 왔다. 그러나 최근에는 제조단계 외부의 가치사슬 또는 공급사슬관리에 더 많은 관심을 가지고 있다. 이는 다음과 같은 이유 때문이다.

첫째, 부가가치의 60~70% 정도가 제조과정 외부의 공급사슬상에서 발생하고 있다. 미국의 경우 제조업의 물류비용은 업종에 따라 10~15%에 이르고 고객이 주문 후 납품까지의 주문 사이클 타임 중에서 순수 제조 소요기간보다 공급사슬상에서 소요되는 시간이 훨씬 길다. 제조업체들이 공장 자동화나 CIM 구축을 위해 막대한 투자를 하고 있으나 고객만족효과는 주문처리, 물류관리, 구매, 조달 등에서 더욱 개선의 여지가 크다.

둘째, 생산, 부품조달 및 구매보관과 물류, 운송, 판매 및 유통 등의 기업활동이 글로벌화됨에 따라 공급사슬상의 리드타임이 길어지고 불확실해졌다. 또한 부품조달비용, 인건비, 금융비용, 생산성, 운송차이 등을 감안해야 하고 물류가 복잡해졌다. 이에 따라 글로벌한 공급사슬 및 물류의 합리적인 계획 및 관리와 조정통제가 중요하게 되었다. 어떤 주문을 언제 어디서 어떻게 얼마나 만들고 어떻게 유통·운송하고 부품조달을 할 것인가에 대한 계획, 의사결정, 실행, 추적의 문제 등이 부각되고 있다.

셋째, 공장의 표준화된 제품을 대량 생산하여 고객에게 밀어내던 방식에서 탈피하여 고객의 다양한 요구에 맞추어 제조, 납품해야 하는 Mass Customization에 따라 로지스틱스 대상품목이 많아지고 재고 물류관리가 복잡해지며, 주문관리, 생산계획, 정보관리 및 추적관리가 복잡해진다. 동시에 리드타임이 길어지고 불확실해지며 재고가 증가하고 주문 충족도가 악화되는 등 공급사슬의 효율이 급속히 저하되게 되었다. 이에 따라 공급사슬관리의 중요성이 부각되었다.

넷째, 기업 간의 경쟁이 치열해짐에 따라 코스트 및 납기의 개선이 시급하게 되었다. 특히 고객지향, 고객만족, 시장요구에 대한 적응을 위해 공급사슬의 혁신요구가 증대되고 있다.

다섯째, 최근 ERP 등으로 기업 내 프로세스가 정보화·통합화되고 EDI, 전자상거래, Internet 등의 기술이 급속히 발전되고 있다. 이에 따라 공급사슬 간의 정보공유 및 전달과정을 혁신하고 공급사슬 간의 프로세스를 적극적으로 통합할 수 있게 됨에 따라 관련 개념 및 기법의 보급이 확산되고 있다.

공급사슬관리를 위해서 공급사슬 관련 프로세스 및 제품설계를 혁신하는 공급사슬 리엔지니어링, 공급사슬상의 업체 간의 전략적 제휴, 공급사슬관리를 위한 조직의 개선, 공급사슬 간의 정보공유 프로세스의 통합, 공급사슬 네트워크의 전략적 설계, 공급사슬계획 및 관리 시스템 구축 등의 방안이 있다. 이들 방안들은 대개 공급사슬상의 부서 및 업체 간에 정확한 정보를 신속하게 전달, 공유하고, 구매조달, 운송 및 보관, 유통 및 판매 등의 업무 프로세스를 네트워크 및 정보기술에 의해 통합하는 작업을 수반한다.

공급사슬관리에 대한 필요성이 커진 만큼 많은 연구문헌들에서 SCM에 대한 연구가 활발히 진행되고 있다. 그러나 여러 공급사슬 문헌에는 혼란스럽게 하는 다량의 중복되는 전문용어들이 있다 (New1995와 Saunders1995). 공급사슬과 공급사슬관리에 대한 여러 가지 표현들을 보면 통합된 구매전략(Burt, 1984), 공급자통합(Dyer et al., 1998), 네트워크 공급사슬(Nassimbeni, 1998), 부가가치사슬 (Lee and Billington, 1992), 린사슬접근법(New and Ramsay, 1995), 공급파이프라인관리(Farmer and van Amstel, 1990), 공급네트워크 (Nishiguchi, 1994), 가치흐름(Jones,1995), 부가가치네트워크(Cambell and wilson, 1995), 전략적 네트워크(Jarillo, 1993) 등 다양하다.

기존 연구에서 나타난 공급사슬과 공급사슬관리에 대한 정의를 <표 2-1>에서 정리하였다. 표에서 나타난 것과 같이 공급사슬 관리에 대해 보편적 정의가 만족할 만큼 충분하지 못하다. 그 이유는 공급사슬의 개념이 부분적으로 발전되어 왔기 때문이다. 공급 사슬의 개념은 다양한 문헌의 주체들에서 다른 관점으로부터 연구되어 왔다. 여러 학문 분야에 걸쳐서 발생하고 발전하다 보니 공급사슬관리 이론 발전을 위한 확고한 개념구조가 충분치 못하게 된 것이다. 그 결과 공급사슬의 범위와 형태는 비용과 효익에 대해 설명해 주는 경험적으로 확인된 모델에 비해 대부분 부분적이거나 비교적 빈약하다.

공급사슬관리의 개념의 유래는 불분명하나 처음에 Forrester(1961)의 연구인 'Industrial Dynamics'에서 수요확대라는 개념의 소개에서 시작되었다. 이것은 기본적으로 현재 고객수요에 있어 상대적으로 적은 양의 변화와 생산을 위해 원재료의 공급자가 인식하는 수요가 엄청나게 증가하게 될 때 나타나는 현상을 설명하고 있다. 다른 연구는 Heckert and Miner(1940)와 Lewis(1956)의 연구인 유통과 물류의 총원가접근법에서 찾을 수 있다. 이 접근법들은 사슬 내에 한 가지 요소에 초점을 맞추면 전체 시스템의 효율성을 확보할 수 없다는 것을 보여주고 있다(Simon Croom, Pietro Romano and Mihalis Giannakis, 2000).

Supply Chain Management라는 용어가 처음 사용된 것은 1982년에 Oliver and Weber의 *Supply Chain Management: logistics catches up with strategy*라는 책자에서이다.

공급사슬관리라는 말은 회사 간의 외적으로 혹은 회사내적으로 재화의 물류활동과 계획통제와 정보의 흐름에 관하여만 사용되지 않았다. 어떤 연구자들은 전략적, 상호 조직문제를 설명하는 데 사용하였다(Cox, 1997).

연구자	정 의
Jones & Riley(1985)	공급업자로부터 최종사용자까지의 재화흐름의 계획 및 통제를 다루기 위한 통합적 접근방법이다.
Houlihan(1987)	공급사슬은 제품 혹은 서비스에 대해 순차적으로 가치를 부가하는 기업들 간 일련의 거래관계이다.
Christopher(1992)	상하 흐름의 연결을 통해 최종고객에게 제품과 서비스 형태로 가치를 창출시키는 프로세스와 활동에 관련된 조직들의 네트워크이다.
Scott and Westbrook (1991), New and Payne(1995)	제조과정의 요소와 원재료에서 최종고객까지의 공급과정 간의 가치사슬의 연결이다. 이 정의를 확대하면 공급사슬관리는 전체 가치사슬을 포함하고 원재료의 시작에서 수명의 끝까지의 자재와 공급관리를 말한다.
Cooper and Ellram (1993)	공급자로부터 최종소비자까지의 유통채널의 총 흐름을 관리하려는 통합적인 철학이다. 이는 특정 채널에서 인접한 구성원들 간의 관계가 아닌 전체 채널을 가로지르는 경영과정상의 협동을 의미한다.
Berry et al.(1994)	공급사슬관리는 의미 있는 장기관계를 위한 관리자원을 방출하기 위해서 신뢰 구축, 시장요구에 대한 정보교환, 신제품 개발, 특정 OEM 공급자기반 감축을 목표로 하고 있다.
Saunders(1995)	외부사슬은 원재료의 축출 및 처리, 제조, 조립, 유통 및 최종고객에게 소매하는 것에 관련되는 다양한 회사들을 통해 원재료로부터 출발하여 교환이 일어나는 전체적인 사슬이다.
Cambell and Wilson (1995)	공급사슬은 사슬 전체의 전략적 우위 달성을 위한 부가가치사슬상의 독립적 기업들 간의 협력적 관계이다.
SCM Group in Toronto University (1996)	제조기업의 공급사슬은 자재의 획득 및 가공, 그리고 고객에의 운반과 관련한 공급기업, 공장, 창고, 유통센터 그리고 소매점의 네트워크이다.
Hau L. Lee and C. Billington(1995) Flaherty(1996)	공급사슬은 자재를 조달하고, 자재를 이용하여 중간제품 및 최종제품을 생산하고 유통시스템을 통해 생산된 제품을 고객에 이르게 하는 관련 설비들의 네트워크이다.
Fine(1996)	공급사슬은 일련의 경쟁우위 달성을 위한 역량이 조합된 사슬이다.
Kopezak(1997)	자재, 제품 및 정보흐름을 통해 공급업자, 물류서비스 제공자, 제조업자, 유통업자, 소매업자들이 포함된 실체들의 집합이다.
Lee & Ng(1997)	제품과 서비스의 생산과 수송을 공급자의 공급자와 함께 시작하여 '고객의 고객'과 함께 끝나게 하는 실체들의 네트워크이다.
Tan et al.(1998)	공급사슬관리는 기본 원재료의 공급으로부터 최종제품까지의 자재관리 혹은 공급관리를 포함한다. 공급사슬관리는 회사가 그들의 공급자 프로세스와 경쟁우위를 강화할 수 있는 기술과 능력을 어떻게 활용하는지에 초점을 맞추고 있다. 이것은 최적화와 효율성이라는 공통의 목표를 가지고 함께 거래하는 파트너를 끌어들임으로써 전통적인 회사 내부 활동을 확장시키는 경영철학이다.

※ 고딕체는 '공급사슬' 정의

다른 연구자들은 수직통합을 논의하기 위한 대안 조직 형태로 사용하였다(Thorelli, 1986). 또 다른 이들은 회사가 공급자들과 맺고 있는 관계성을 확인하고 설명하기 위해서 사용하였다(Sako, 1992, Lamming, 1993, Hines, 1994).

Farley(1997)는 공급사슬관리는 자사의 경쟁우위를 향상시킬 수 있는 공급자의 프로세스, 기술, 역량을 어떻게 이용할 수 있을 것인가가 관심의 초점이라고 했다. 그리고 제조, 로지스틱스, 자재, 유통, 수송 관리기능의 협력을 조직 내에서 어떻게 조정할 것인가에 대한 문제라고도 했다(Lee and Billington, 1992).

안병훈의 문헌에서는 공급사슬에 대한 연구의 흐름에서 공급사슬에 대한 정의를 크게 두 가지 관점에서 설명하고 있다(안병훈 et al, 1997).

첫째는 공급사슬을 최종제품의 생산을 위한 단일 부품, 시스템 부품, 원자재 등의 공급기업들과의 관계를 중심으로 파악하는 경우이다. 이 관점에서는 공급사슬을 최종제품 혹은 서비스의 생산에 순차적으로 가치를 부가하는 일련의 거래관계 혹은 협력적 거래관계로 정의하고 있다.

둘째는 원자재로부터 최종제품에 이르기까지의 물적 흐름에 초점을 두고 정의하는 경우이다. 이 관점에서는 원자재를 구매하고 중간재로 변환시키며 이를 다시 최종제품으로 변환시켜 소비자에게 전달하는 과정을 이루고 있는 설비의 네트워크로 공급사슬을 정의하고 있다.

SCM의 정의는 연구자들에 따라 조금씩 차이가 있으나, 기업 간의 파트너십, 전략적인 제휴 등을 바탕으로 통합 효율성을 추구하는 경영방식을 의미하는 것은 공통적이다. 또한 과거에는 SCM을 정보기술적인 차원에서 정의하려는 경향이 강하였으나 최근에는 SCM을 정보기술과 경영철학의 조화를 이루려는 경영전략 차원에서 정의를 내리고 있다.

본 연구에서는 위의 연구들의 정의를 기반으로 공급사슬의 영역은 원재료에서부터 최종소비자에 이르는 일련의 과정을 모두 포함하며, 공급사슬관리는 공급사슬과 관계된 제반 사항들을 통제하고 관리하는 것으로 개념을 정리하고자 한다. 이 개념에 기초한 정의로 APICS(American Production & Inventory Control Society: 미국생산재고관리학회)에서 정의한 개념을 수정하여 이용한다. 이 정의에 따르면 "SCM이란 비즈니스에서 필수적인 모든 기능을 조직 내·외부를 망라하여 하나의 단위로 보고 상품과 관련 정보·상품·돈의 흐름을 체계적이고 적극적으로 관리하여 전체 프로세스를 최적화하는 활동"이다.

2. 공급사슬관리의 연구경향

공급사슬관리에 대해 연구한 연구문헌들을 연구 분야별로 분류해 보면 다음과 같다(Croom et al, 2000).

① 구매와 공급(Purchasing and Supply)

② 물류와 운송(Logistics and Transportation)

③ 마케팅(Marketing)

④ 조직행동(Organizational Behavior), 사업조직(Industrial Organization),

거래비용(Transaction Cost Economics), 계약관점(Contract View)

⑤ 상황이론(Contingency Theory)

⑥ 제도사회학(Institutional Sociology)

⑦ 시스템엔지니어링(System Engineering)

⑧ 네트워크(Network)

⑨ 베스트프렉티스(Best Practices)

⑩ 전략경영(Strategic Management)

⑪ 경제개발(Economic Development)

위와 같이 다양한 연구 분야에서 SCM에 대해 관심을 가지고 연구하고 있다.

Tan(2001) 공급사슬관리의 연구관점을 2가지로 정리하였다.

1) 구매와 공급활동의 관점에서 공급사슬관리에 대해 정의하고 연구하였다.

이 관점에서 공급사슬관리는 전통적인 구매와 공급관리기능으로부터 발전된 공급기반통합과 유사한 말로 이용되고 있다.

최적화와 효율이라는 공통목표를 가지고 거래파트너와 동반자 의식을 가지고 전통적인 내부 활동을 확장시키는 경영철학이다 (Harwick, 1997).

공급사슬관리는 수직적 기업들의 모든 구성기업들이 공통목표를 효율적이고 효과적으로 관리하기 위한 활동들인 구매통합, 수요관리, 신제품 디자인과 개발, 제조계획과 통제가 포함된 것이다.

제조사슬과 유통사슬에 포함된 직접적인 전략적 공급자로부터 최종고객까지 제품의 흐름을 향상시키기 위해 조직 내에서 다양한 기능 영역을 통합한다는 관점이다(Houlihan, 1987, 1988). 생산의 디자인 초기 단계에서부터 공급자의 관여를 통해 공급자의 능력과 기술을 이용하여 제조자(구매자)의 경쟁적 우위를 유지하겠다는 관점에서 연구되었다.

이 관점의 단기적인 목적은 대개 생산성을 높이고 재고와 사이클 타임을 줄이는 것이다. 반면 장기적인 전략목표는 고객만족, 시장점유율, 가상조직의 모든 구성원들의 이익이 향상되는 것이다.

2) 수송과 로지스틱스 문헌에서 나타나는 공급사슬관리에 대한 정의에는 물리적 유통과 로지스틱스 통합의 중요성에 대해 강조한다. 물류의 좁은 관점은 공급자로부터 고객에 이르기까지 전 가치사슬을 연결하는 포괄적인 주제가 되었다(Shapiro et al., 1993, Langley and Holcomb, 1992). 전후수직통합의 효익의 대부분이 가치사슬 내에 있는 독립회사들의 물류활동을 통합함으로써 얻어질 수 있다고 제안하고 있다. 이러한 측면에서 공급사슬관리는 통합된 물류시스템과 같은 말이며 그 연구 자료의 베이스는 무궁무진하다(Johnson et al., 1999, Lambert et al., 1998, Bowersox and Closs, 1996, Coyle et al., 1996).

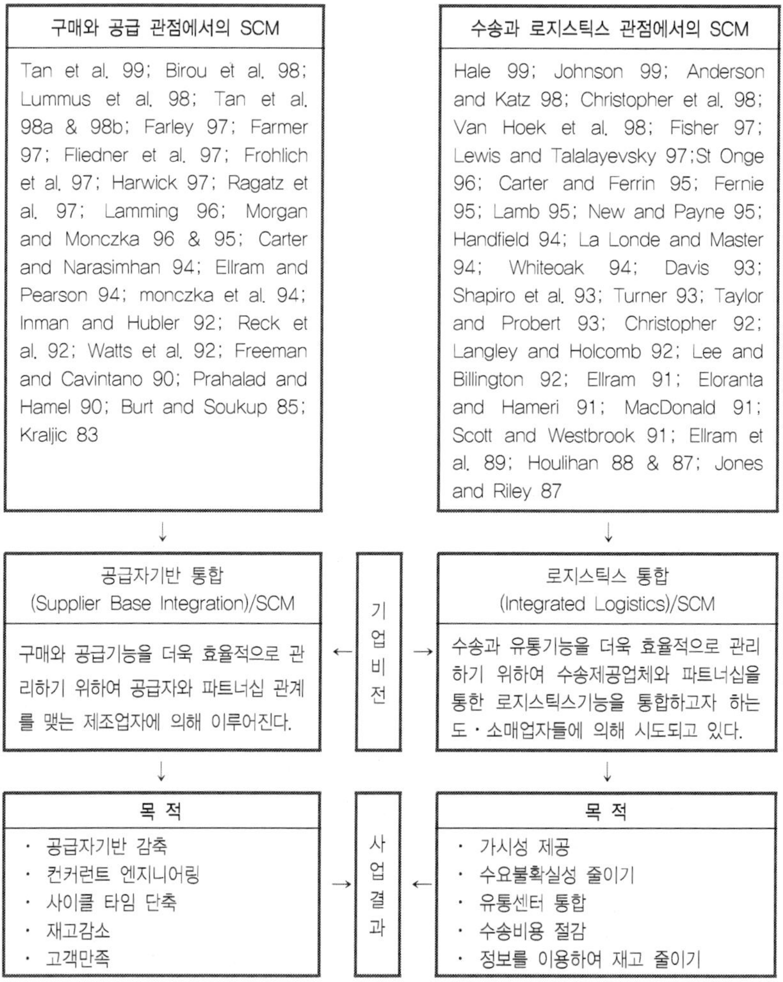

구매와 공급 관점에서의 SCM	수송과 로지스틱스 관점에서의 SCM
Tan et al. 99; Birou et al. 98; Lummus et al. 98; Tan et al. 98a & 98b; Farley 97; Farmer 97; Fliedner et al. 97; Frohlich et al. 97; Harwick 97; Ragatz et al. 97; Lamming 96; Morgan and Monczka 96 & 95; Carter and Narasimhan 94; Ellram and Pearson 94; monczka et al. 94; Inman and Hubler 92; Reck et al. 92; Watts et al. 92; Freeman and Cavintano 90; Prahalad and Hamel 90; Burt and Soukup 85; Kraljic 83	Hale 99; Johnson 99; Anderson and Katz 98; Christopher et al. 98; Van Hoek et al. 98; Fisher 97; Lewis and Talalayevsky 97;St Onge 96; Carter and Ferrin 95; Fernie 95; Lamb 95; New and Payne 95; Handfield 94; La Londe and Master 94; Whiteoak 94; Davis 93; Shapiro et al. 93; Turner 93; Taylor and Probert 93; Christopher 92; Langley and Holcomb 92; Lee and Billington 92; Ellram 91; Eloranta and Hameri 91; MacDonald 91; Scott and Westbrook 91; Ellram et al. 89; Houlihan 88 & 87; Jones and Riley 87

기업비전

공급자기반 통합 (Supplier Base Integration)/SCM	로지스틱스 통합 (Integrated Logistics)/SCM
구매와 공급기능을 더욱 효율적으로 관리하기 위하여 공급자와 파트너십 관계를 맺는 제조업자에 의해 이루어진다.	수송과 유통기능을 더욱 효율적으로 관리하기 위하여 수송제공업체와 파트너십을 통한 로지스틱스기능을 통합하고자 하는 도·소매업자들에 의해 시도되고 있다.

사업결과

목 적	목 적
· 공급자기반 감축 · 컨커런트 엔지니어링 · 사이클 타임 단축 · 재고감소 · 고객만족	· 가시성 제공 · 수요불확실성 줄이기 · 유통센터 통합 · 수송비용 절감 · 정보를 이용하여 재고 줄이기

자료원: Tan, Keah, Choon, "A Framework of Supply Chain Management Literature", European Journal of Purchasing & Supply Management, Vol.7, p.42, 2001.

[그림 2-1] 공급사슬관리 문헌에 대한 프레임워크

넓게 정의하면 통합된 물류시스템은 낭비 없이 공급자로부터 만족한 고객에게 재화를 이동시키는 것을 관리하는 프로세스, 시스템과 조직의 통합을 포함한다.

통합된 물류시스템은 재고관리, 납품업체 관계성, 운송, 유통, 저장, 배달서비스를 포함하고 있다. 효과적인 실물유통의 역할은 물류 프로세스에서 중요한 구성요소이다. 상품은 신속히 채워져야만 하고 아무리 적은 양이라도 필요한 때와 필요한 장소에 도착해야 한다(특히 JIT 시스템에서)(Handfield, 1994).

목표는 재고를 완벽한 정보로 대체하는 것으로 훌륭한 정보기술 프로세스를 수단으로 물류활동의 효과적인 통합은 조직성과에 필수적이다(Lewis and Talayevsky, 1997).

[그림 2 - 1]은 공급사슬관리에 대한 연구 자료들의 두 가지 경로의 연구에 대한 발전을 간단한 구조를 통해 보여주고 있다. 이는 통합, 가시성, 사이클 타임 감축, 능률적인 경로에 초점을 두고 구매와 공급활동뿐 아니라 수송과 물류의 기틀로부터의 공급사슬관리의 발전을 설명해 주고 있다.

구매와 공급관점 연구 자료들은 구매자의 공급관리 기능에서 분류되어 나왔고, 공급사슬의 수송과 물류의 관점은 도매업자들과 소매업자들의 수송과 물적 유통으로부터 발전하고 있다.

연구자들은 두 가지 관점의 공급사슬관리는 결국 가치사슬상에서의 모든 부가가치활동들을 포함하는 동일한 지식기반으로 통합되며 전체적인 사업계획과정에서 통합된 공급사슬관리가 중요하다고 했다(Harland et al., 1999). 그러나 Carter and Narasimhan(1994)은 그것이 실행되지는 못하고 있다는 것을 주지하였다.

비즈니스 프로세스 리엔지니어링 연구 자료들은(Bergess, 1998, Fliedner and Voku, 1997) 제조자, 공급자, 고객 사이에 역할영역을 가로지르는 활동들을 좀 더 밀접하게 통합시키는 개념을 지원하고 있다.

통합된 공급사슬전략의 목표는 경쟁자들에게 쉽게 모방될 수 없는 효과적이고 경쟁적인 무기로서 공급사슬을 이음새 없이 가로지는 제조공정과 물류역할을 창출하는 것이다(Anderson and Katz, 1998, Birou et al., 1998, Lummus et al.1998, Lee and Billington, 1995). 공급사슬 내에 있는 공급자와 고객 간의 좀 더 높은 수준의 통합은 더욱 효과적인 경쟁우위를 이끌어 낼 것으로 기대되고 있다(Johnson, 1999, Hines et al., 1998; Lummus et al., 1998; Narasimhan and Jayaram, 1998).

공급사슬관리는 다양한 연구자들에 의해 연구되어 왔다. 이를 연구하는 대학교수들의 전공과 관심 분야에 따라 분류하는데 한동철(2002)은 4가지로 분류하였다.

크게 기능적(Functional)인 관점에서의 분류와 실행적(Implementational)인 관점에서 분류하였다. 기능적 관점이란 공급사슬관리의 두 가지 주요 기능인 생산과 판매에 초점을 맞춘 것이며, 실행적 관점은 공급사슬관리를 직접 수행하는 데 있어서의 두 가지 중요한 실행도구인 조직과 정보에 맞춘 것이다.

기능적인 관점의 생산적인 측면은 경영학의 생산관리를 전공하거나 산업공학의 경영공학을 전공하는 교수들에 의해 주도된 것이고, 기능적인 관점의 판매적인 측면은 경영학의 유통이나 물류를 전공하는 교수들에 의해 주도된 것이다.

실행적인 관점의 조직적인 측면은 경영학의 조직이론을 전공하는 교수들에 의해 주도된 것이고, 실행적인 관점의 정보적인 측면은 경영학의 경영정보시스템을 전공하거나 컴퓨터공학을 전공한 교수들에 의해 주도된 것이다.

제조중심의 접근방법은 생산관리나 산업공학의 경우 제품을 효율적으로 생산하는 데 초점이 맞추어져 있다. 따라서 실제 생산비에서 가장 많은 비중을 차지하는 원재료의 조달을 어떻게 저렴하게 할 것인가의 논의로 출발한 제조업체의 구매적(Procurement) 접근방법이 있다. 다른 하나는 1990년대 초반 유통업체 중심의 판매와 관련되어 소매업체들이 내부적으로 저가격 매입을 추진하려는 과정에서 제조업체와 협조하여 구매하게 되면 매입단가를 낮출 수 있을 것이라는 생각이 기반이 되었다. 이것은 소매업체에서 주도권을 가지고 제조업체와의 협의를 통해 제조업체뿐만 아니라 제조업체에 공급하는 원재료 공급업자까지 관리하기 위해 시행되었다.

유통업체적 접근방법은 생산된 제품을 공장에서 각종 소매창고나 점포로 어떻게 저렴하고 더 효율적으로 배송할 수 있는가에서부터 시작된다. 이는 주로 제품의 배송과 재고관리가 주요 문제로 대두되기 때문에 일반적으로 물류적(Logistics) 접근방법이라고도 불린다.

조직적 접근방법은 치열한 경쟁환경하에서 기업경쟁력을 강화하기 위한 하나의 툴로서 기업내부적인 범주에서 벗어나 다른 기업들과 전략적 제휴를 맺어 통합된 시너지 효과를 모색하는 데 초점을 두고 있다. 공급사슬관리의 수많은 개념들이 전략적인 통찰력을 가진 사람들에 의해 개발되었다.

정보적 접근방법은 정보기술의 발전으로 각종 시스템 통합기술이 발전함에 따라 기업내부의 정 자원을 통합하는 데 가장 큰 비중을 두고 있다고 할 수 있다. 시스템을 개발하기 위해 필요한 각종 정보기술이나 공급사슬관리 관련 업체 간에 실시간 통신을 가

능하게 만드는 각종 기법들이 정보기술 전공교수들에 의해 개발되
었다.

제2절 연구단위의 개념

1. SCM 실행변수

현대의 생산 및 제조업은 단일 기업 단독으로 운영되는 것이 아
니라 생산 및 조립업체와 많은 부품 및 원자재의 생산 및 조달,
구매 및 생산, 판매 및 유통의 과정이 서로 사슬(chain)을 이루며
복잡하게 상호 작용하는 시스템을 이루고 있다. 그래서 전통적으로
기업 성과의 근원이 되는 자원은 기업내부에 존재해야 한다(Day,
1994)는 생각이 설득력을 잃어 가고, 오히려 기업의 생산활동과 연
관되어 있는 독립적인 부품 공급자들의 우수한 자원과 역량을 조
화시킴으로써 발생되는 시너지 효과에 의해 보다 나은 성과를 창
출할 수 있음을 보여주는 실증적인 연구들이 설득력을 얻고 있다
(안병훈, 1995).

또한 공급자가 시장의 주도권을 행사하던 시대에서 1990년으로
접어들면서 시장개방과 신규시장 참여기업의 증가 등으로 기업 간
의 경쟁이 심화되었고, 고객의 소비수준 향상으로 인해 그들이 원
하는 제품과 서비스를 스스로 결정하고 자신에게 맞는 제품과 서
비스를 기업으로부터 제공받으려는 욕구가 증가되었다.

이러한 상황은 공급사슬관리 연구의 근간이 되고 있고, SCM 실행은 성과향상과 차별화를 위한 새로운 기회가 될 수 있다고 본다 (Zielke and Pohl, 1996).

SCM 실행에 대한 단편적인 연구들은 많이 있지만 전체를 설명할 수 있는 연구는 많지 않다. 특히 어떤 변수들이 SCM 실행요소인지 혹은 성공변수인지를 찾아내기는 하였지만 단순히 우선순위를 알아보거나 여러 변수를 찾아내는 것으로 만족하고 있다.

Marien(2000)은 연구논문 "The Four Supply Chain Enablers"에서 SCM의 성공적인 도입을 위해서는 조직인프라, 정보기술, 전략적 제휴 및 인적자원관리 등과 같은 4가지 변수가 중요하다고 하였다. Marien은 4가지 변수의 세부항목을 정의하고 세부항목의 중요도 순위를 조사하였다. 조직인프라에서는 공통의 비즈니스전략, 기능 간 설계팀의 활약 여부, 비즈니스프로세스의 공유 등과 같은 세부항목이 주요 성공변수로 판명되었다. 정보기술 변수에서는 기업 내의 정보통합과 기업 간의 정보통합과 같은 정보기술 관련 변수 그리고 생산공정과 재고현황이 파악 가능한 설계 등이 성공변수로 밝혀졌다. 전략적 제휴에서는 전략적인 제휴를 지속적으로 유지하기 위한 최고경영자 간의 정기적인 접촉, SCM 전문 인력의 필요성 등이 성공변수로 조사되었다. 인적자원관리에서는 SCM 전문가의 발견, 성과에 대한 보상 등의 항목이 중요한 것으로 나타났다. 그리고 이러한 4가지 변수 가운데서는 조직인프라의 중요성이 가장 큰 것으로 조사되었다.

Robert and Kilpatrick(2000)은 많은 기업들이 SCM을 도입할 때에 전략의 부재로 어려움을 겪고 있으므로 SCM 도입을 위해서는

SCM 전략의 개발이 중요하다고 하였다. Robert & Klipatrick이 기업전략의 관점에서 제시한 SCM의 6가지 성공변수는 전략개발, 정보수집, 파트너십, SCM에 대한 두려움 제거, 조직변화 및 평가측정시스템 등이다.

또한 Rhonda, Karen and Robert(2000)는 SCM의 성공적인 구축을 위한 평가모델을 제시하였는데 평가모델은, 조직구조, 생산능력, 공급사와의 관계, 배송창고시스템, 고객서비스, 정보공유 및 e-business의 준비 정도 등 7가지 변수로 구성되어 있다. 실증조사에서 조직구조와 고객서비스가 가장 중요한 성공변수로 조사되었다.

Suhong Li(2002)는 SCM 실행요소로 전략적 공급자 파트너십, 최종고객관계, 정보공유, 정보품질, 린시스템, 연기 등으로 보고 SCM 성과와 기업 성과에 미치는 영향을 연구하였다.

국내연구로는 정인근과 이명무(2001)가 SCM 도입 시 주요 성공변수를 조직특성, 정보기술, 정보관리, 전략적인 제휴, 생산능력, 고객서비스, 환경특성, 정책특성 등으로 나누어 제조업이나 유통업에서 중요한 변수가 무엇인가 연구하였다.

또한 이신재(2001)는 SCM 시스템 구축의 성공변수를 조직변수(최고경영자들의 SCM 구축에 대한 지원, 조직원들의 SCM에 대한 전사적인 참여와 태도변화, 조직 내의 활발한 커뮤니케이션과 교육), 시스템 구축변수(SCM 구축에 대한 현실적인 시행계획의 수립, 시스템의 사용용이성 보유), 시스템 기능변수(SCM이 향후 시스템 변경에 대비한 시스템 유연성의 보유, SCM이 고객서비스에 대한 지원기능 보유), 성과변수(SCM 구축에 투입된 비용 대비 수익성의 보유)로 분류하였다. 그리고 종속변수는 고객서비스품질 향상, 생산성의 증가, 비용 절감, 사이클 타임 절감, 품질 향상으로 분류하였다. 그래서 SCM 시스템 구축 성공변수가 종속변수에 미치는 영향을 연구하였다. 성공변수 중 조직변수, 시스템 기능변수, 성과변수가 공급사슬 도입 성과에 영향을 미친다고 조사되었다.

그래서 본 연구에서는 연구목적상 SCM 실행의 정의를 SCM에서 하고자 하는 모든 부분을 포괄하는 내용으로 이용하고자 한다. 그래서 SCM 실행이란 "전체 공급사슬의 성과향상을 목표로 실행하는 조직 내/조직 간 활동들"로 정의한다(Suhong Li, 2002).

본 연구에서는 위의 연구들에서 이용된 변수들을 포괄할 수 있는 SCM 실행변수들을 찾아 연구하고자 하였다. 그래서 SCM 실행변수를 파트너관계(구매자, 공급자, 운송업자 포함), 최종고객관계, SCM 관련 정보기술, 정보공유, 정보품질, 린시스템, 연기 등 7가지로 선정하였다. 이와 같은 변수들은 SCM 실행의 대부분의 범위를 포괄하는 변수들이다.

구체적으로 7가지 변수에 대한 내용은 다음과 같다.

(1) 파트너관계

산업활동의 기본적인 목적은 제품의 개발, 생산 및 판매를 통해 이익을 얻는 것이다. 그런데 생산원가 중 노동비용은 감소되는 경향이 있으나 자재와 그 관련 비용은 증가하는 추세이다. 자재를 구매하는 방법은 자체생산과 외부하청 두 가지인데 외부에서 구매되는 산업제품과 내부에서 생산되는 산업제품의 비율을 비교해 볼 때 외부하청의 비율이 꾸준히 증가하고 있다. 외부구매비율의 증가로 구매자-공급자 관계의 중요성이 더욱 부각되고 있다. 그리고 구매자-공급자 관계가 점진적으로 변하고 있는데 이것은 원거리 관계에서 가까운 협력관계로 변화되고 있다는 것이다.

그 이유로는 기업들 간의 경쟁의 심화로 인해 품질의 중요성이 더욱 강조되고 있는데 구매자-공급자의 협력관계가 품질의 향상에 유리하다는 것이다. 또한 고객의 서비스요구를 제품에 반영해야 할 때 공급자와의 협력관계를 통해 고객의 요구를 제품에 수용하기가 더 쉽다는 것이다. 궁극적으로 이러한 기업들 간의 밀접한 관계는 거래비용을 줄일 수 있는 방법인 것이다.

MaMillan(1990)은 구매자·공급자가 호의적인 관계를 유지함으로써 얻는 이점을 갈등 발생 시 원만한 해결, 공급의 신뢰성 향상, 향상된 배송일정계획, 낮은 제품원가와 생산비용, 가격 및 생산의 안전성, 향상된 마케팅의 효율성, 최적의 능력계획 수립, 고객지향적인 업무수행 등으로 파악했다.

Spekman(1988)은 파트너십을 전략적 연합, 충돌 해결에 대한 자동 메커니즘을 가지는 것, win-win 원칙에 근거한 의사소통의 열려 있는 채널, 일의 공동작업과 장기계획을 요청하는 것으로 기술하였다. Bevan(1989)는 공동제조자관계(co-makership)라는 용어를 사용하여 파트너십을 기술하였고 구매자와 공급자들이 공동의 목표를 향하여 함께 일한다고 보았다.

Landeros와 Monczka(1989)는 이러한 협력적인 구매자-공급자 관계의 공통된 속성에 대하여 논의하였다. 이러한 속성들은:

① 소수의 선호하는 공급자들로 구성된 공급자 풀(pool)

② 구매기업과 공급기업 간의 신용계약에 협력하는 동맹

③ 공동문제해결활동

④ 회사 간 정보교환

⑤ 시장조건에 공동조정 등으로 설명하고 있다.

Ellram(1990)은 기업들 간의 전략적 파트너십을 확장된 기간에 걸친 계약과 정보와 위험과 보상의 공유를 포함하여 상호 지속적인 관계성으로 정의하였다.

Gentry(1995) 연구에서는 전략적 파트너십을 네 가지 영역에서 설명하였다.

① 장기간 몰입(Long‒term Commitment)

② 협력적이며 지속적인 원가절감의 개선과 향상된 품질(Cooperative continuous Improvements on Cost Reduction and Increased Quality)

③ 열린 의사소통과 정보공유(Open Communications and Information Sharing)

④ 관계성의 위험과 보상의 공유(The Sharing of Risk and Rewards of Relationship)이다.

본 연구에서는 위의 연구들을 토대로 파트너관계 실행을 4가지 변수로 정의하였다.

① 거래파트너에 대한 신뢰

② 거래파트너와의 위험과 보상의 공유

③ 거래파트너와 비전공유

④ 거래파트너와 유대

(2) 최종고객관계

Noble(1997)과 Tan et al.(1998)은 최종고객관계를 SCM 실행의 가장 중요한 변수로 고려할 수 있다고 주장하였다.

SCM 실행은 업스트림 방향의 공급자관리와 다운스트림 방향의 고객통합을 포함하는 것이 핵심적인 개념이라고 할 수 있다(Tan et, al., 1999). 최종고객관계를 실행한다는 것은 고객의 필요와 요구를 충족한다는 것이다. 밀접한 고객관계 실행은 기업의 제품을 경쟁자와 차별화시키며 고객에게 가치를 크게 높여 줄 수 있다.

최종고객관계는 고객불평을 관리하고 고객과 장기간 관계를 맺고자 노력하고, 고객만족 향상을 위해 노력하는 것이라고 정의할 수 있다(Tan et al, 1998, Magretta 1998).

(3) SCM 관련 정보기술

SCM 실행에 영향을 주는 정보기술들을 정보기술의 이용이라고 정의할 수 있다. 교환비용 관점과 정보과정 관점에서 조직 간의 조정을 만들어 내는 정보기술들이라고 설명할 수 있다(Clark and Lee, 2000).

이와 같은 SCM 관련 정보기술을 세부적으로 분류해 보면 다음과 같다.

① EDI(Electronic Data Interchange: 전자문서교환) – 기업 간의 거래데이터를 교환하기 위한 표준시스템. 컴퓨터를 이용하여 표준화된 거래정보를 서로 합의된 통신표준에 따라 문서 없이 전달하는 개념이다.

② EFT(Electronic Fund Transfer: 전자자금이체) – VAN이나 인터 넷을 이용하여 계좌 간 자금을 이체하는 것이다.

③ MRP(Materials Requirement Planning: 자재소요계획) – 자재소 요량계획(MRP), 제품의 구성정보(BOM, Bill Of Material), 표 준공정도(Routing Sheet), 기준생산계획(MPS, Master Production Schedule), 재고레코드(Inventory Record) 등의 기준정보를 근 거로 생산에 필요한 자재가 얼마만큼 소요될 것인지 계획을 세우는 활동이자 일련의 시스템이다.

④ MRP Ⅱ(Manufacturing Resources Planning: 제조자원계획) – 자재뿐만 아니라 생산에 필요한 모든 자원을 효율적으로 관 리하기 위한 것으로 MRP가 확대된 개념이다. MRP에 자동 화된 공정 data의 수집, 수주관리, 재무관리, 판매관리의 기 능을 추가하여 실현 가능한 생산계획을 제시하는 제조활동 시스템이다.

⑤ DRP(Distribution Requirement Planning: 물류계획/스케줄링시 스템) – CRP는 제조업체와 유통업체 간의 각종 상품에 대한 주문을 양자 간의 정보교류를 통해서 효율적으로 수행하는 것을 의미한다. CRP는 제조업체와 유통업체에서 유통업체의 재고관리와 수발주관리를 지속적으로 수행한다는 개념하에서 생성된 용어이다. CRP를 하나의 공급사슬관리기법으로 간주 하기도 하고 VMI와 CMI를 모두 포함하는 형태라고 말하기 도 한다.

⑥ ERP(Enterprise Resource Planning: 전사적자원관리) – ERP는 기 업에서 기간을 이루는 업무들, 즉 생산, 자재, 영업, 인사, 회

계 등의 업무를 통합 관리해 주는 대형 경영관리용 패키지 소프트웨어다.

⑦ CRM(Customer Relationship Management: 고객관계관리) - 고객과 관련된 기업의 내·외부 자료를 분석, 통합하여 고객 특성에 기초한 마케팅활동을 계획하고, 지원하며, 평가하는 과정이다. 선별된 고객으로부터 수익을 창출하고 장기적인 고객관계를 가능케 함으로써 보다 높은 이익을 창출하게 하는 솔루션을 말한다.

⑧ SRM(Supplier Relationship Management: 공급자관계관리) - 공급자와의 협력을 바탕으로 한 조달에 대한 계획과 최적화 과정에 대한 소프트웨어를 의미한다.

⑨ VMI(Vender Managed Inventory) - 유통업체의 물류센터에 있는 각종 데이터(소매업체로의 출고데이터 및 물류센터에 현재 보관 중인 재고데이터)가 제조업체로 전달이 되면, 제조업체 스스로 소매업체의 물류센터로 제품을 배송하고 심지어는 진열까지 하는 공급사슬관리방식의 하나이다.

VMI라는 아이디어는 수요자가 더 이상 공급자에게 주문을 하지 않도록 하자는 데서 출발한 것이다. 실제적으로 소비자에 대한 정보를 소매점과 공급자가 공유하게 되면 이러한 자료에 근거하여 지속적으로 공급업자의 소매점 재고관리가 가능해진다. VMI를 하게 되면 공급자가 생산스케줄을 미리 거의 정확하게 만들 수 있으므로 수송여건도 보다 효율적이 된다. 또한 소매점과 도매점에서 중복되어 가지고 있는 재고도 많이 감소되어 서비스수준은 전반적으로 향상된다.

⑩ DW(Data Warehouse): 기간 시스템의 데이터베이스에 축적된 데이터를 공통의 형식으로 변환하여 일원적으로 관리하는 데이터베이스이다. 웨어하우스는 창고라는 의미인데 데이터의 격납이나 분석방법까지 포함하여 조직 내 의사결정을 지원하는 정보관리 시스템으로 이용된다. DW를 이용함으로써 고객의 구매동향, 신제품에 대한 반응도, 제품별 수익률 등 세밀한 마케팅 정보를 획득하는 것을 목표로 한다.

⑪ SCM Software − 공급사슬상의 계획, 실행, 최적화를 위한 솔루션들을 의미한다.

⑫ Internet − 인터넷은 전 세계에 있는 컴퓨터망들을 공통된 규칙에 따라 상호 연결하여 정보들을 공유할 수 있도록 만든 네트워크의 네트워크다.

⑬ Intranet − 인트라넷은 기업 내에 속해 있는 사설 네트워크로서 서로 연결되어 있는 여러 개의 근거리통신망으로 구성될 수 있고, 광역통신망 내에서는 전용회선이 사용되기도 한다. 인트라넷의 주요 목적은 회사의 정보나 컴퓨팅 자원을 직원들 간에 서로 공유하는 데 있다. 인트라넷은 또한 여러 그룹 간의 업무나 화상회의 등을 용이하게 하는 데에도 사용될 수 있다.

(4) 정보공유

공급사슬상의 파트너와 확실하고 가치 있는 정보를 얼마나 커뮤니케이션하는가를 정보공유라고 정의할 수 있다(Monzka et al.,

1998). 많은 연구자들이 SCM 실행에서 정보공유의 중요성에 대해 강조하고 있다.

기업들은 기업 간의 구체적인 정보교환을 통해 가치사슬상의 가시성을 확보하고자 한다. 그런데 이 정보가 확실하다는 신뢰를 확신할 수 없거나 가치 없는 정보만을 준다고 생각한다면 SCM 실행은 어려울 것이다.

그래서 본 연구에서는 이러한 정보교환을 정보공유라는 개념으로 측정하고자 하였다.

(5) 정보품질

시의 적절하고 정확한 정보가 의사결정에 적용되고, 공급사슬 전체를 통하여 효과적으로 정보가 흘러가면서 조직의 의사결정에서 정보 활용 가능성이 높아지면 공급사슬의 효과성과 효율성은 크게 향상될 수 있다.

본질적으로 정보의 활용은 제조업체나 공급업체 모두에 대하여 커뮤니케이션수준의 증가와 수요불확실성에 대한 위험의 감소를 가져온다. 프로세스 리엔지니어링은 기업 간 정보의 활용에서 높은 수준의 효과성과 효율성을 중요시하지만 이를 실현하기 위해서는 높은 정보의 품질이 보장되어야만 한다. 이러한 점에서 정보품질이 정보시스템의 조직과 활동 영역의 결정적인 관심 분야가 되고 있다(서창적, 2001).

Salaum과 Flores(2001)은 좋은 품질정보란 "이해기준을 만족한 정보가 요구된 기준으로 이용자에 의해 구체화된 것"이며 이 기준은 자료의 관심사, 정보의 최신성과 같은 것이라고 하였다. 이들은 좋은 품질의 정보가 되기 위해 요구되는 속성으로는 지속적이고 반복적인 변경, 변경의 신뢰성, 적절성, 변경의 일반성, 접근가능성, 정보내용의 이해 등을 들고 있다.

정익재(1996)는 정보의 품질은 정보의 속성에 의해서 표현될 수 있다고 했다. 그는 정보품질을 ① 적절성으로 사용자의 욕구충족 정도와 문제해결이 도움, ② 적시성으로 정보의 이용가능성과 정보내용의 시간적 현실성, ③ 정확성으로 정보의 현실대표성과 정보내용의 오차 정도, ④ 정밀성으로 문제상황을 고려한 정보의 구체성, ⑤ 완결성으로 사용자의 욕구를 고려한 정보의 범위와 포함 정도, ⑥ 간결성으로 불필요하고 가외적 정보의 배제성, ⑦ 형식성으로 상황과 사용자를 고려한 정보형식 및 표현수단 등의 7가지 변수로 정보품질을 측정할 수 있다고 주장하였다.

Berry와 Parasuraman(1997)은 서비스품질 정보시스템의 개발에 있어서 정보품질을 강조하면서 적절성, 유용성, 정확성, 신뢰성, 명료성, 적시성을 정보의 품질변수로 들고 있다.

서창적과 김영택(2001)은 기업내부의 생산정보의 흐름과정과 관련된 여러 가지 정보에 대한 품질을 결정하는 변수들을 설정하고 이것들을 측정하는 도구를 개발하였다. 이들이 제시한 변수는 적절성, 유용성, 정황성, 신뢰성, 명확성, 적시성, 검정가능성이다.

위의 연구를 바탕으로 본 연구에서는 정보품질을 교환된 정보의 정확성, 적절성, 신뢰성 등으로 측정하고자 한다(Monzka et al., 1998).

(6) 린(Lean)시스템

린시스템은 공급사슬상에서 불필요한 비용, 시간, 기타 낭비요소를 제거하자는 개념이다. 린생산시스템은 수공업 생산방식의 원가상승요인과 대량생산방식의 유연성 부족 문제를 해결하기 위해 다기능 작업자팀을 편성하여 유연성 있는 자동화 기계를 사용하여 매우 다양한 제품을 생산할 수 있게 하였다.

린 공급사슬 운영은 비용을 절감할 수 있고 유연성을 향상시킬 수 있을 것이다. 가장 기본적인 것은 제품 라인의 단순화, 부품번호 시스템, 커뮤니케이션, 고객집단·복잡성의 축소와 오퍼레이션의 공용성 확대 등과 같은 여러 측면이다.

첫째, 단순화로부터는 능력 역량, 유연성, 지속성 및 비용 등의 획기적인 향상과 같은 보상을 기대할 수 있으며, 무엇보다 값비싼 정보시스템이나 다른 대규모투자는 필요로 하지 않는다.

둘째, 기본적인 변화는 신속성의 향상이다. 이는 사이클 타임의 단축과 자재의 적정재고를 신속히 달성하기 위하여 수요 공급 및 배치에 대한 관리이다. 기업은 속도를 관리함으로써 고객서비스의 향상과 비용의 감축을 동시에 달성할 수 있다. 이러한 속도의 관리는 SC관리 원칙들의 조화를 필요로 하는데 이 조화에 필요한 것은 정보시스템이 아니라 정보이다.

그러나 '린시스템'의 실행을 위해서는 관리상의 많은 노력과 의지가 필요하다.

본 연구에서는 린시스템을 'SC상에서 불필요한 비용, 시간, 기타 낭비요소들 제거 위한 노력(McIvor, 2001; Mason-Jones and

Towill, 1997; Handfield and Nichols, 1999)'이라는 정의로 측정하
고자 한다.

(7) 연기(Postpone)

연기전략이란 제품생산과정에서 혹은 유통과정에서 다양화 시점
을 고객 쪽으로 최대한 미룬다는 개념이다(van Hoek et al., 1999;
Naylor et al. 1999; Lee and Billington, 1995). 고객수요에 대해 더
정확하고 분석 가능한 정보획득 시점까지 생산의사결정을 연기한
다는 의미이다. 제품 차별화를 다운스트림 쪽으로 미룬다는 것인데
이는 제품의 외형, 색상, 스타일, 모양, 페키징, 배달 등 여러 관점
에 적용될 수 있다.

위의 SCM 실행에 대한 각 변수들의 개념적 정의는 <표 2-3>
과 같다.

<표 2-2> SCM 실행에 대한 하위 개념

	변 수	정의
1	파트너관계	거래파트너와 비전공유, 신뢰, 커미트먼트의 정도 (Spekman et al., 1998; Tan et al., 1998)
2	최종고객관계	고객불평을 관리하고 고객과 장기간 관계를 맺고자 노력하고, 고객만족 향상을 위해 노력(Tan et al, 1998; Magretta, 1998)
3	SCM 관련 정보 기술	SCM 실행을 촉진시킬 수 있는 정보기술의 이용(Suhong Li, 2002)
4	정보공유	공급사슬상의 파트너와 확실하고 가치 있는 정보를 얼마나 커뮤니케이션하는가 정도(Monzka et al., 1998)
5	정보품질	정확하고, 믿을 만하고, 시의적절한 정보교환을 하는 정도(Suhong Li, 2002)
6	린시스템	SC상에서 불필요한 비용, 시간, 기타 낭비요소들의 제거를 위한 노력(McIvor, 2001; Mason-Jones and Towill, 1997; Handfield and Nichols, 1999)
7	연기	필요한 활동(제조, 조달, 배달)을 가능한 SC상의 나중으로 미루는 실행(van Hoek et al., 1999; Naylor et al., 1999; Lee and Billington, 1995)

2. SCM 성과변수

많은 기업들이 공급사슬관리(Supply Chain Management; SCM)와 어떠한 형태로든 관련되어 있거나 최소한의 개념을 도입하고 있지만 실제로 공급사슬관리의 성과를 계량화하여 측정하는 데는 어려움을 느끼고 있다. 이러한 어려움으로 인해 공급사슬관리의 구축 및 개선을 위한 프로그램이나 전략이 제대로 추진되지 못하는 경우가 발생하게 된다. 이에 따라 공급사슬관리의 성과를 계량화하여 측정할 수 있는 방법의 개발에 대한 필요성이 제기되고 있다.

그러나 공급사슬관리의 광범위한 속성·개념에 대한 이해 부족과 측정지표 개발의 어려움 등으로 인해 현실적이고 수행 가능한 평가모형을 개발하기가 쉽지 않다. 최근 공급사슬상의 제한된 기업 간의 성과를 측정할 수 있는 공급사슬 평가시스템들이 하나둘씩 소개되고는 있지만 아직까지 공급사슬관리 전반에 걸친 성과측정 지표 도출은 초기 단계에 머물고 있다.

Churchman과 Zairi는 '성과측정이란 실체에 수치를 체계적으로 부과하는 것'이라고 정의하였고(Churchman, 1959; Zairi, 1994), Neely(2000)는 성과측정을 '과거 행동의 효율성 및 효과성을 계량화하는 프로세스'로 정의하였다. Churchman은 측정의 기능을 다양한 문제 및 상황에 유용한 정보를 창출하는 방법을 개발하는 것으로 설명하고 있다.

Holmberg(2000)와 더불어 많은 연구자들이 SCM 성과에 대한 새로운 측정에 대해 제안했다. Tompkins/Ang(1999), Van Hoek(1998)은 새로운 측정은 한 공급사슬 내에 모든 서브시스템과 기업들이 시장점유·가치와 이익을 지원하기 위해 동일한 방식으로 활동하고 있다는 것을 설명할 수 있도록 설계되어야 한다고 하였다. Bechtel와 Jayaram(1997)은 공급사슬 내 측정시스템은 탈기능적인 통합된 측정도구들을 사용해야만 하고 공급사슬 내 다른 포인트에서 잠재적 결과들에 대한 고려 없이 공급사슬 내 한 포인트에서 최대한 활용되는 것을 피하기 위해 전체 프로세스에 적용될 수 있어야 한다고 하였다. 성과측정도구를 개발할 때 고객관점에서 이루어지는 것이 가장 중요하다(Kiefer & Novack, 1999). 그것은 전체 사슬과 공급사슬의 산출물이 궁극적인 소비자에게 초점을 맞추므로 진정한 공급가치 우수성이 성취될 수 있기 때문이다(Tompkins and Ang, 1999).

Beamon(1999)은 효과적인 성과측정시스템들에서 발견되는 많은 특징들을 다음 4가지의 특징들로 설명하였다. 그것은 포괄성(잠재된 모든 것 측정), 보편성(다양한 조건에서 비교 가능), 측정 가능성(필요한 데이터의 측정 가능성)과 일관성(조직의 목표와 일관성 있게 측정 가능) 등이다. 이러한 가이드라인에 기초하여 SCM 측정시스템은 성과측정의 세 가지 독립된 유형을 포함해야만 한다고 제안하였다. 자원측정(일반적으로 효율성), 산출물측정(일반적으로 고객만족), 유연성(불확실성에 시스템의 대응 방법).

본 연구에서는 SCM 성과를 Beaman(1998)이 정의한 '공급사슬 전체의 효율성과 효과성'이라고 하고 시작하였다.

SCM 성과를 측정하고자 다양한 논문들이 발표되고 있다. 뿐만 아니라 SCM 실행과 관련된 변수들에 대한 연구를 한 논문들에서도 나름대로 SCM 성과를 결과변수로 놓고 분석하였다.

Stevens(1990)은 재고수준, 서비스수준, 작업처리 효율성, 공급자 성과와 원가라고 하는 측면에서 공급사슬의 성과를 측정한다고 제안하였다. 기업과 학술단체들의 컨소시엄에서 표준으로 사용될 수 있는 공급사슬변수를 개발하였다. 이 측정방법은 고객만족/품질, 시간, 원가, 자산 등 네 가지 범주이다(Pittiglio et al., 1994).

Narsimhan과 Jayaram(1998)은 SCM 성과측정으로 고객반응성과 제조성과를 사용하였다. Spekaman et al.(1998a)은 SCM 성과측정으로 원가절감과 고객만족을 사용했다. Hewitt(1999)는 공급사슬 성과측정으로서 고객만족, 거래자산에 대한 수익률과 유연성을 추천하였다.

Beamon(1998)은 정성적인 SCM 성과측정 변수를 고객만족, 유연성, 정보와 자재흐름의 통합, 효과적인 위험관리, 공급자성과라고 연구하였다.

Gunasekara et al.(2001)은 광범위한 문헌조사에 근거한 공급사슬 성과의 전략적, 전술적, 운영적 수준을 측정하기 위한 틀(framework)을 개발한다. 그것들은 공급자와 거래에 성과측정, 배송성과, 고객 서비스와 재고와 물류비용에 초점을 맞추고 있다. 위 연구자들 각자는 SCM 성과측정의 몇몇 영역들을 주장했으나 전부를 주장한 것은 아니라는 것을 볼 수 있다.

위 연구 결과를 요약한다면 Beamon에 의해 제안된 성과측정의 세 가지 유형을 커버할 수 있는 SCM 성과를 공급사슬 유연성, 공급사슬 통합, 고객반응성, 공급자성과, 파트너십 품질 등 다섯 가지 주요한 영역들로 제안될 수 있다.

이 외에도 공급사슬성과를 측정하기 위해 개발되어 주로 활용되는 다음과 같은 방법이 있다(권오경, 2002).

첫째, Kaplan과 Norton(1992)에 의해 개발된 Balanced Scorecard(BSC)이다. 이 방법은 기업의 전략적 목표와 밀접하게 연관되어 있는 소수의 지표를 선정하고 이를 측정·관리하는 방법이다. 이 방법은 SCM만을 위해 개발된 방법은 아니지만 일부 공급사슬성과를 측정할 수 있는 지표를 제시하고 있다.

둘째, ECR(Efficient Customer Response) 도입 기업을 중심으로 ECR 도입과 운영의 성과평가를 위해 활용되고 있는 ECR Scorecard가 있다. 이 방법은 구체적인 성과측정치의 도출보다는 내부조직 및 외부조직 간 공급사슬성과에 대한 상호평가를 통해 상호간의 공급사슬 운영상의 강·약점과 개선방향을 도출하기 위해 주로 활용되고 있다.

셋째, Supply Chain Council이 개발한 SCOR에서 제시하고 있는 공급사슬성과를 측정하기 위한 성과지표(performance metric)를 활용하는 방법이다. 주로 전략적인 수준에 초점을 두고 있는 BSC와는 대조적으로 SCOR는 SCM의 전략 및 운영성과를 측정하고 개선분야를 구체적으로 파악할 수 있다는 장점을 가지고 있다.

대부분의 기존 성과측정시스템이 안고 있는 문제는 이들이 기능 위주로 이루어져 있어서 개별 기능부서별로 성과가 측정되고 조직 구성원들은 자신이 속한 부서의 성과달성 정도에 따라 평가를 받기 때문에, 조직 구성원들은 자신에게 해당되는 성과를 개선하는 방향으로 업무를 수행함으로써 가끔 타 기능부서의 성과를 저하시키는 결과를 초래할 수도 있다는 점이다. 이러한 관행은 부서 이기주의를 심화시키거나 기업 전체의 목표와는 상충되는 결과를 초래하기도 한다. SCOR는 이러한 기존의 성과측정방법들이 가지고 있는 기능 위주의 성과측정의 문제점을 보완하고, 공급사슬 전반의 성과와 효과성에 대한 측정을 가능하도록 하고 있다.

SCOR는 Supply Chain Council에서 개발·보급하고 있는 표준적인 공급사슬 프로세스 참조 모델(process reference model)이다. SCOR는 비즈니스 프로세스의 관점에서 해당 기업의 공급업체로부터 고객에 이르기까지 계획(plan), 공급(source), 생산(make), 인도(deliver), 회수(return)가 이루어지는 공급사슬을 통합적으로 분석한다는 데 그 기초를 두고 있다. 공급사슬의 통합적 분석을 통해 공

급사슬상의 상품, 서비스, 정보의 흐름을 개선하며 사슬 내의 연결
부분에서 발생하는 과잉재고와 낭비요인을 절감시킬 수 있는 방법
을 도출할 수 있게 한다.

공급사슬디자인과 분석에서 적절한 성과변수를 확정하는 것은
매우 중요하다. 성과변수는 현재 시스템이나 경쟁관계의 다른 시스
템의 효율성과 효과성을 결정하는 데 중요하다.

본 연구에서는 기존의 성과측정 연구들 중에서 Beamon에 의해
제안된 성과측정의 세 가지 유형을 커버할 수 있는 Suhong Li의
연구에서 이용된 SCM 성과의 다섯 가지 주요한 영역들을 이용하
여 SCM의 성과를 측정하고자 한다. 다섯 가지 주요 영역은 공급
사슬 유연성, 공급사슬 통합, 고객반응성, 공급자성과, 파트너십 품
질 등이다. 이와 같은 개념들을 구체적으로 아래에서 설명하고자
한다.

(1) 공급사슬 유연성

일반적으로 유연성은 효과적으로 변화에 적응하고 반응하는 조
직의 능력으로 설명된다. Aggarwal(1997)은 유연성을 초과적인 비
용이나 시간 혹은 조직의 혼란이 야기되지 않으면서 성과의 손실
없이 시장요구를 만족시킬 수 있는 조직의 능력으로 설명하였다.
Vickery et al.(1999a)은 유연성이 전체 부가가치 시스템의 측면에서
보아야 하며 통합적 고객지향적인 관점에서 보아야 한다고 제안하
였다. 그들은 기업의 고객이 스스로 가치가 증가되었다고 느끼는
유연성의 개념이 포함된 것으로 유연성을 정의하였다. 이러한 유연

성의 개념은 공급사슬에서 개별 기업의 책임 이상으로 공유된 책임을 요구한다.

공급사슬 유연성은 제품(고객화) 유연성, 생산량 유연성, 출시(신제품출시) 유연성, 접근 유연성과 목표시장에 대한 반응성 등 다섯 가지 영역에 의해 측정될 수 있다(Vickery et al, 1999).

제품 유연성은 표준화되지 않은 주문을 처리할 수 있는 능력과 특별한 고객의 요구사항을 만족시킬 수 있는 능력, 즉 색다른 옵션·크기와 색깔 등의 특화된 제품을 생산할 수 있는 능력을 말한다. 생산량 유연성은 고객의 요구에 따라 효과적으로 생산을 늘렸다 줄였다 할 수 있는 능력을 말한다. 출시 유연성은 많은 신제품을 빠르게 소개할 수 있는 능력, 다양한 제품을 생산할 수 있는 능력을 말한다. 접근 유연성은 광범위한 혹은 집중적인 유통범위를 생산할 수 있는 능력을 말한다. 마지막으로 목표시장 반응성은 목표시장의 필요에 대응할 수 있는 조직의 전체적인 능력을 말한다.

본 연구에서는 Vickcry et al(1999)의 정의로 공급사슬 유연성을 측정하고자 한다.

(2) 공급사슬 통합

공급사슬 통합은 조직 내 모든 활동들, 공급자, 고객, 다른 공급사슬 멤버들의 활동들이 함께 통합된 크기로 정의된다(Stock et al, 1998; Narasimhan and Jayan, 1998; Wood, 1997). 통합에는 공급사슬에 따라 상호 관련된 두 가지 유형이 있다. 통합의 첫 번째 유형은 공급자, 생산자와 고객 사이에 배송의 전 방향으로의 물리적인 흐름을 조정하고 통합하는 것을 포함한다. 통합의 또 다른 널리 알려진 유형은 후 방향으로, 정보기술의 조정과 고객으로로부터, 생산자에게, 공급자에게로의 데이터의 흐름을 포함한다.

공급사슬 통합은 기능통합으로부터 내부통합과 그 다음에 외부통합의 세 가지 단계를 포함한다. 기능통합은 수송, 재고관리 혹은 구매와 원재료관리와 같은 기능 사이의 밀접한 관계성이라고 할 수 있다(Turner, 1993; Stevens, 1990; Morash & Clinton, 1997). 이 단계는 외부의 고객만족보다는 재화의 내부흐름, 성과향상보다는 원가절감을 강조한다는 특징이 있다(Narasimahan & Kim, 2001). 내부통합은 원재료관리부터 생산, 수송, 판매에 이르는 모든 내부 기능의 통합을 포함한다. 내부기능통합은 고객에게 가는 길을 잘 관리한다는 차원에서 초점을 맞추는 것이 필요하다. 그것은 고객가치와 만족을 성취하기 위해 조정되고 통합되기 위해서는 조직 내 다른 기능이 필요하다는 관점이다. 이 단계는 유통으로부터 구매에 이르는 전체 시스템의 가시성을 확보하는 단계이다(Stevens, 1990). 외부통합은 공급자와 고객을 끌어안기 위해 통합의 범위를 조직외부로 확장하는 것이다(Narasimhan and Jayaram, 1998). 외부통합은 범위의 변화 이상으로 큰 태도의 변화가 필요하다. 공급자와 고객 사이의 적대적인 관계가 상호 지원과 협력을 통하여 변화될 것을 요구한다(Vokurka & Lummus, 2000). 좀 더 높은 수준의 공급사슬 통합은 조직에 통합되지 않은 조직보다 좀 더 빨리 좀 더 효과적으로 고객의 요구를 만족시키도록 해 준다는 것이다(Meagretta, 1998a).

Wood(1997)는 좀 더 높은 통합공급사슬은 좀 더 우수한 SCM

성과를 나타낼 수 있으며 고립되어 운영되는 조직은 경쟁에서 불리한 위치에 놓이게 된다고 하였다. 그래서 기업의 조직들은 내부적인 비즈니스 역할을 뛰어넘어 협력할 뿐만 아니라 다른 기업의 조직들과 전략적인 연결을 구축하고자 한다. 진정한 공급사슬 통합 공급자와 고객들 간의 통합을 향상시키고 좀 더 고객만족을 향상시킬 수 있도록 또한 조직내부의 무수한 거래 애플리케이션과 결정지원능력을 최대한 활용할 수 있도록 차별이 없고 단절이 없도록 한다는 것이다.

(3) 고객반응성

고객반응성은 고객의 요구에 대한 조직의 반응 속도로 정의된다(Narasimhan & Jayaram, 1998; Beamon, 1998). SCM 성과는 궁극적으로 고객의 반응으로 측정되어야만 한다. Owen과 Richmond(1995)에 의하면 기업들 간의 SCM 전략은 다양한 것 같지만 전체적인 목표는 분명한데 그것은 점차적으로 고객의 요구에 대해 민감해지는 것이며 시스템으로부터 원가를 절감하는 것이다. 고객만족을 중요한 활동의 성과로 측정하게 되면, 관리자들은 그들의 노력을 고객만족이라는 목표를 갖게 되고 좀 더 객관적으로 그들의 행동에 대한 결과를 평가할 수 있게 될 것이다.

고객반응성은 SCM 실행의 주요한 목표 중 하나로 인식되어 왔는데(Stevens, 1990; Kiefer and Novak, 1999; Speckman et al., 1998a), Caterpiller, General Motors, IPL, Philips, Rank Xeros와 같은 기업들은 빠르고 신뢰할 만한 배송과 고객요구 변화에 대한 반응성에 초

점을 맞추는 것이 공급사슬을 통합하는 데 중요하다는 것을 보여
왔다(Narasimhan and Jayaram, 1998). 효과적인 성과측정을 달성하
기 위해서는 공급사슬성과가 고객만족에 연결되어야만 한다. 고객
만족 없이는 공급사슬전략을 적용한다는 것이 비용은 많이 들고
효과가 없을 수도 있다(Gunasekran et al., 2001).

그래서 본 연구에서는 고객만족에 대한 공급사슬성과로 고객반
응성을 측정하고자 한다.

(4) 공급자성과

공급자성과는 자재, 부분품 혹은 제품을 양품의 상태로 정각에
배송하는 데 있어서 공급자의 일관성으로 정의된다(Beamon, 1998).
문헌에서 공급자성과는 기업의 운영성공을 위한 결정적인 요소로
간주되고 있다(David, 1993; Beamon, 1999). 이는 SCM 성과의 중
요한 범위가 된다는 의미이다. 공급자의 좋지 않은 품질과 배송성
과는 재고과다와 주문잔량의 결과를 초래한다.

실제로, 중대한 변화가 전통적으로 적대적인 구매자 – 판매자 관
계로부터 제한된 수의 적합한 공급자만을 이용하는 데까지 발전하
였다. 줄어든 공급자기반은 의사소통의 부족 때문에 생기는 구매자
와 공급자 사이의 불신을 줄이는 데 도움을 준다(Newman, 1998).

공급사슬상의 후 방향 통합에서 공급자의 배달 성과는 매우 중
요한 역할을 하는 것으로 나타나고 있다. 그래서 본 연구에서는
공급자의 성과를 배달, 품질, 가격, 공급자기반으로 측정하고자 한다.

(5) 파트너십 품질

파트너십 품질은 파트너십의 결과가 참여자들의 기대에 얼마나 잘 부합하는지로 정의될 수 있다(Lee and Kim, 1999; Wilson & Vlosky, 1998). SCM 측정시스템이 갖고 있는 문제 중의 하나가 파트너십과 같은 공동운명론과 장기거래와 맞지 않는 재무제표 측정치들로 구성되어 있다는 것이다(Ellram, 1990; Harland, 1996). 마케팅과 서비스의 관점에서 관계 측정에 고객인식의 중요성을 강조해 왔다(Christopher, 1992). 서비스관점으로 보면 파트너 품질이 기대와 성과의 인식을 비교하는 파트너의 결과를 나타내는 것으로 SCM 성과에 대한 유용한 측정방법이 될 수 있을 것이다. 채널관계에 대한 연구들에서 채널멤버들의 만족은 사기를 진작시키고 채널멤버들이 서로 협력하며 관계를 유지하는 데 도움이 된다고 지적되어 왔다(Ganesan, 1994).

그래서 본 연구에서는 파트너십 품질을 조직 간의 파트너십을 통해 수익성이 있다고 믿으며, 공급사슬상에서 발생하는 위험과 유익을 공유하고 있으며, 파트너십관계에 대해 만족하고 있는 정도로 측정하고자 한다(Walton, 1996; Ballou et al., 2000, Mentzer et al., 2000).

이상에서의 5가지 SCM 성과변수들과 정의는 아래의 <표 2-3>에서 정리하였다.

<표 2 - 3> SCM 성과에 대한 하위 개념

	변수	정의
1	공급사슬 유연성(Supply Chain Flexibility)	고객에게 영향을 주는 변화에 효과적으로 대응하는 능력(Vickery et al, 1999)
2	공급사슬 통합(Supply ChainIntegration)	공급자, 고객 그리고 공급사슬 내의 멤버, 조직 내의 활동들을 통합할 수 있는 활동들의 정도(Stock et al 1998)
3	고객대응력(Customer Responsiveness)	고객 요청에 대한 조직의 대응속도(Beamon1998; Kiefer and Novack, 1999)
4	공급자성과 (Supplier Performance)	공급자가 공급하는 자재, 부품, 제품의 시간과 조건의 일관성(Beamon, 1998; Levy, 1997; Tan et al, 1998)
5	파트너십 품질 (Partnership Quality)	공급사슬의 파트너십의 결과가 참여자의 기대와 얼마나 잘 일치되는가의 정도(Lee and Kim, 1999; Harland, 1996)

3. 최고경영자 지원

최고경영자 지원은 SCM과 같은 전략적 시스템을 실행하고 도입하는 데 중요한 역할을 하고 있음이 계속 연구되고 있다. 여러 가지 SCM 실행들이 최고경영자 지원이 반드시 필요한 의사결정에 해당한다. 최고경영자는 SCM 참여조직들 간의 어쩔 수 없이 발생하는 다른 이해를 극복하기 위해 협력의 필요성이 있다는 것을 반드시 이해해야 한다(Lee & Kim, 1999).

최고경영자의 열정과 확실한 비전 그리고 실행력 있는 지도력이 매우 중요하다. 최고경영자 지원이 확고하지 않을 때 프로세스 혁신은 보수적인 중간관리층의 장벽에 부딪힐 수밖에 없으며 조직 전체의 협조 또한 얻어내기 어렵다. 무엇보다 SCM 실행에 포함된 여러 전략들은 각 조직에 장기간 관여가 필요하기 때문에 최고경영자 지원 없이는 실행하기 어렵다고 할 수 있다(김경민, 2002). 예를 들어 정보공유는 경쟁자에게 이익을 줄 수 있는 부분이 있어 조직의 파트너와 정보공유를 하는 데 거부감을 가질 수 있다. 이러한 정보공유의 저항을 극복하기 위해 최고경영자의 이해가 중요하다.

Lee and Kim(1999)은 SCM에 대한 최고경영자 지원은 공급사슬 파트너와의 유익을 이해하고 공급사슬 파트너와 협력을 위한 지원하는 정도로 하였다. 본 연구에서는 위의 정의에 덧붙여 실무자들의 인터뷰 결과 얻을 수 있었던 SCM에 대한 시스템의 지원과 중요한 전략으로의 인식의 개념을 덧붙여 이용한다. 그래서 최고경영자의 SCM에 대한 지원은 SCM 전략의 중요성 인식과 SCM 시스템 지원 및 파트너십 협력 지원이라고 정의한다.

4. 제품별 공급사슬의 적절성

Fisher(1997)은 효과적인 공급사슬관리의 방법으로 기업이 공급하는 제품에 대한 수요의 성격에 따라 공급사슬관리의 전략이 달라져야 한다고 제시하였다. 효과적인 공급사슬전략을 위해 우선 제품에 대한 수요의 성격을 통해 제품을 기능적 제품, 혁신적 제품의 두 가지로 분류하여 설명하였다.

기능적 제품은 시간에 따라 제품의 변화가 심하지 않고 기본적인 욕구를 충족시키는 제품으로 수요가 안정적이고 예측가능하며 제품의 수명도 장기적이다. 환경적 불확실성이 낮은 제품이다.

이에 반해 혁신적인 제품은 혁신을 통해 높은 이익을 얻을 수 있는 제품이지만 제품의 새로움 자체가 수요의 예측을 어렵게 하는 요인이 되기도 한다. 게다가 제품의 모방자가 혁신적 제품이 구가하는 경쟁우위를 잠식함에 따라 기업은 새로운 혁신을 계속 도모할 수밖에 없어 전형적으로 짧은 수명주기와 다양성으로 인해 수요예측을 어렵게 한다. 환경적 불확실성이 높은 제품이다.

기능적 제품과 혁신적 제품의 수요 특성을 살펴보면 아래 <표 2-4>와 같다.

높은 수익률과 유동적 수요를 수반하는 혁신적인 제품은 안정적인 수요와 낮은 수익률을 수반하는 기능적인 제품과는 근본적으로 다른 공급사슬을 필요로 한다.

이는 공급사슬이 '물리적 기능' 과 '시장중개 기능' 의 두 가지 상이한 기능을 수행하기 때문이다. 물리적 기능은 원재료가 완제품으로 변환하는 전체적인 기능을 포함하며, 시장 중개기능은 다양한 제품과 소비자의 구매 욕구를 대응시켜 주는 역할로 서로 상이한 비용을 발생시킨다. 수요를 초과해 손해를 보는 낮은 가격으로 판매하게 되거나 수요가 공급을 초과하여 소비자는 욕구를 충족시키지 못하고 공급자는 판매기회를 상실하게 되는 경우에 주로 발생한다. 따라서 제품수요의 성격에 따라 공급사슬이 강조해야 하는 기능이 달라진다.

<표 2-4> 기능적 제품과 혁신적 제품의 비교

수요의 특정	기능적 (예측가능한 수요)	혁신적 (예측곤란한 수요)
제품 수명주기	2년 이상	3개월~1년
공헌 마진	5~20%	20~60%
제품 다양성	낮음(종류별 10~20종)	높음(수백만 종 이상 가능)
생산시작시점 수요예측 평균 오차율	10%	40~100%
평균 품절비용	1~2%	10~35%
비수기 가격인하율	0%	10~25%
필요 생산납기	6개월~1년	1~2주

물리적 기능은 생산, 운송, 재고비용이 주를 이루게 되며 시장중개기능이 원활하지 않았을 때의 비용은 공급기업들이 높은 성과를 내기 위해서 위의 환경에 적합한 수요의 특성과 공급사슬전략의 적합성을 필요로 한다. 결국 경영자가 제품의 성격과 공급사슬의 특성을 파악했다면 이상적인 공급사슬전략을 수립하기 위한 모형을 사용할 수 있다. 아래 [그림 2-2]는 제품수요 특성과 시장 특성의 가능한 조합을 나타낸다.

결국 기능적인 제품은 비용측면이 강조된 효율적 공급사슬구조를 선택하여야 하고 혁신적인 제품은 제품 차별화가 되어 있으면서 급격한 수요 변동에 대해서 유연성을 가지고 있는 시장 반응적 공급사슬구조를 선택하여야 한다.

아래 <표 2-5>에 이와 같은 2가지 공급사슬 특징에 대해 비교 정리하였다.

<표 2-5> 물리적으로 효율적인 공급사슬과 시장 반응적 공급사슬의 비교

	효율적 공급사슬	시장 반응적 공급사슬
본원적 목적	가능한 최저비용으로 예측가능한 수요의 만족	품절, 강요된 가격인하, 재고의 구형화를 극소화하기 위해 예측곤란한 수요에 즉각적으로 반응
생산 시 주안점	높은 평균가동률 유지	잉여 생산능력 보유
재고전략	높은 회전율의 유지와 공급사슬 전체의 보유재고 최소화	충분한 잉여 부품재고 또는 완제품 보유
납기 주안점	비용이 증가하지 않는 범위 내에서 납기의 최소화	리드타임 감소를 위한 적극적인 투자
공급자 선정방법	가격과 품질에 의한 선정	신속성, 신축성, 품질에 의한 선정
제품설계전략	성능의 극대화와 비용의 최소화	제품 차별화를 지연시킬 수 있게 하는 부품별 설계방법 이용

위의 연구를 볼 때 기능제품군과 혁신제품군의 성격이 다름으로 전략적으로 이용할 수 있는 SCM 실행변수들도 달라야 할 것이다.

	기능적 제품	혁신적 제품
효율적 공급사슬	적절한 대응	부적절한 대응
반응적 공급사슬	부적절한 대응	적절한 대응

[그림 2-2] 제품수요 특성과 공급사슬 특성의 대응

수요가 안정적이고 예측가능하며 제품의 수명이 장기적인 기능제품군은 안정적인 대신 치열한 경쟁 유발로 이윤폭이 감소된다.

수요예측이 가능하여 공급사슬은 시장중개기능을 따르기가 용이하다. 그래서 기능적 제품의 가격탄력성을 고려할 때 물리적 비용의 극소화에 초점을 맞추어야 한다. 제조-자원-계획 소프트웨어를 사용해 제품의 주문, 생산, 유통을 종합적으로 조정하고 나아가 공급사슬 전체의 재고최소화와 생산효율성의 극대화를 도모해야 한다. 공급사슬 내부에서 발생하는 공급자, 제조업자, 소매자가 예측 가능한 수요를 최소의 비용으로 만족시킬 수 있도록 각자의 업무를 조정하는 데 필요한 정보의 흐름이 중요하다.

SCM 실행변수 중 파트너관계 실행, 정보기술의 이용, 린시스템 등이 더 중요한 변수가 될 것이다.

높은 이익률과 유동적 수요가 특징인 혁신적 제품은 제품혁신을 통해 높은 이익은 가능하지만 수요예측에 대한 어려움이 있고 모방자의 추격으로 새로운 혁신을 꾸준히 하기 때문에 제품 수명주기가 수개월로 짧다. 그래서 안정적 수요와 낮은 이익률의 기능적 제품과는 다른 공급사슬이 필요하다. 시장은 혁신에 대해 불확실하게 반응해 공급부족이나 초과가 발생할 가능성이 매우 높다. 짧은 제품 주기는 구형화의 위험과 초과 공급에 대한 비용을 증가시킨다. 그래서 경영자는 물리적 비용보다 시장중개기능에 수반하는 비용에 초점을 맞추어야 한다. 초기판매량이나 기타 시장 신호를 판독해 제품의 짧은 생명주기 내에서 신속하게 대응해야 하는데, 이때 중요한 정보의 흐름은 공급사슬 내에서 발생하는 것뿐만 아니라 시장에서 사슬로 흐르는 정보도 포함한다. 경영자가 행해야 할 재고량과 생산능력에 관한 중요한 의사결정은 비용최소화가 아니라 사슬의 어느 부분에 재고를 보관하고 불확실한 수요에 대응하기 위해 확보해야 하는 가용생산능력에 관한 것이다. 공급자는 저렴한 가격에 의해서가 아니라 신속성과 신축성을 기준으로 선택해야 한다. 그래서 위와 같은 특징을 고려할 때 또 상대적으로 기능제품에 비해 환경 불확실성이 높은 혁신제품군은 SCM 실행변수들 중 파트너관계, 최종고객관계, 정보관리, 연기 등이 더 중요한 변수가 될 것이다.

본 연구에서는 Fisher의 위와 같은 논거에 근거하여 제품과 공급사슬의 적절성을 제품수요 특성과 공급사슬 특성의 대응의 적절함으로 정의하였다.

제3장　연구 및 조사방법론

제1절 연구모형

본 연구에서는 지금까지의 이론적 배경을 토대로 다음의 핵심가설을 설정하고 검정하고자 한다. 첫째, SCM 실행이 잘될수록 SCM 성과가 좋을 것이다. 둘째, SCM 실행이 SCM 성과에 영향을 미치는 과정에서 '최고경영자 지원'이 조절(moderator)역할을 수행할 것이다. 셋째, SCM 실행이 SCM 성과에 영향을 미치는 과정에서 '제품의 종류와 공급사슬방향의 적절성'이 조절(moderator)역할을 수행할 것이다. 넷째, SCM 실행변수들 중 기술기반변수인 'SCM 관련 정보기술'은 다른 변수들의 선행변수로서의 역할이 있을 것이다. 다섯째, SCM 실행변수들 중 조직기반변수인 '파트너십'은 다른 SCM 실행변수들의 선행변수로서의 역할이 있을 것이다. 여섯째, 가설 1에 대한 세부적인 분석으로 SCM 실행변수들과 SCM 성과변수들 간의 관계에 대한 탐색연구를 수행한다.

이러한 목적을 위한 연구모형은 다음 [그림 3 – 1]과 같다.

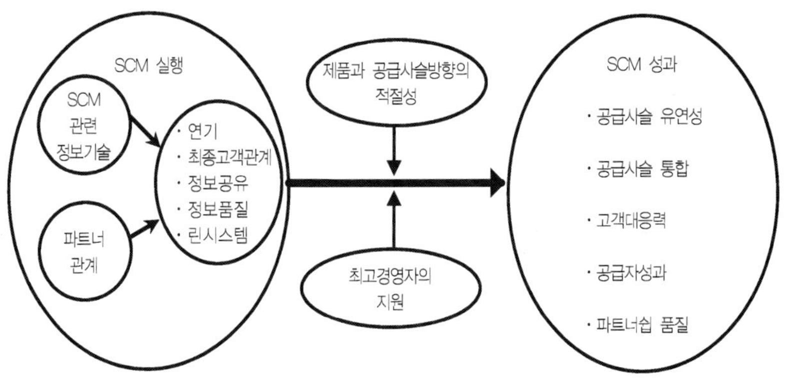

제2절 연구내용 및 가설설정

위의 모형을 토대로 연구하고자 하는 주요 내용과 가설은 다음
과 같다.

1. SCM 실행과 SCM 성과

SCM 실행은 SCM 성과향상을 가져올 것으로 기대된다(Narasimhan
and Jayaram, 1998).

SCM 실행수준이 높을 때 공급사슬 유연성과 통합의 수준이 높
아질 것이고, 고객의 니즈와 시장변화에 더 빠른 대응을 할 것이
다(Doyle, 1998). 전략적 공급자 파트너십은 신제품 개발, 프로세스
개선 등에 공급자를 참여시킴으로써 제품개발시간을 단축하고, 공

급자의 성과를 향상시킬 수 있었다(Regatz et al., 1997).

다른 실증연구들에서는 정보교환과 정보품질은 고객만족(Spekman et al., 1998)과 파트너십 품질(Walton, 1996; Lee& Kim, 1999), 또 성과향상에(Towill, 1997) 긍정적인 영향을 미쳤다.

연기전략은 공급사슬 유연성뿐만 아니라, 고객대응 측면에 증가를 나타내었다(van Hoek et al., 1999). 이와 같은 논거를 토대로 본 연구에서는 다음과 같은 가설과 연구모형을 설정한다.

가설 1. SCM 실행을 잘하는 기업일수록 SCM 성과가 클 것이다.

[연구모형]

$$SCMP = \alpha_0 + \beta_1 \, SCM + e \quad \cdots\cdots\cdots\cdots\cdots (가설1)$$

여기서 SCMP: SCM 성과,

SCM: SCM 실행

β_1의 유의도가 통계학적으로 유의적이면 위의 가설이 지지될 수 있다.

2. 최고경영자 지원의 SCM 실행과 SCM 성과에 대한 조절효과

최고경영자 지원은 SCM과 같이 장기간의 비즈니스비전과 최고경영자 수준에서 거래파트너들 간의 통합이 필요한 전략적 시스템 실행과 수용에 중요한 변수로 많이 이용되었다(Premkumar and Ramamurthy, 1995). SCM 실행의 다양한 의사결정문제에서 최고경영자 지원은 필수적이다(McGrath, 1998; Mullen, 1998). 최고경영자는 SCM에 참여하는 조직들 간의 분산된 이해관계를 극복하기 위해 협력의 유익에 대해 이해하고 있어야 한다(Lee and Kim, 1999).

최고경영자 지원 없이 전략적 공급자 파트너십, 최종고객관계, 정보공유, 린시스템, 연기전략과 같은 장기간의 관여가 필요한 실행들은 불가능할 것이다. 그래서 본 연구에서는 최고경영자 지원이 SCM 실행과 SCM 성과 사이의 조절역할을 하므로 최고경영자 지원에 따라 SCM 성과향상에 SCM 실행이 더 큰 영향이 있을 것이라는 관점에서 연구해 보았다.

이와 같은 논거를 토대로 본 연구에서는 다음과 같은 가설을 설정하고 이를 측정하기 위해 다음과 같은 연구모형을 추정한다.

가설 2. 최고경영자의 SCM에 대한 지원이 클수록 SCM 실행이 SCM 성과에 미치는 영향이 클 것이다.

[연구모형]

$$SCMP = \alpha_0 + \beta_1\, SCM + \beta_2\, SCM \times CEO + e \ldots\ldots (가설 2)$$

여기서 SCMP: SCM 성과,

SCM: SCM 실행,

CEO: 최고경영자의 지원

위의 모델을 통해 최고경영자 지원이 SCM 실행과 SCM 성과 간의 상호 작용에 영향을 미치는지 파악하고자 한다.

가설 2 모형에 대한 검정은 조절변수 계수인 β_3가 양($+$)의 값을 갖고 유의적인가를 검정한다. 즉 β_1의 유의도는 종속변수 SCMP(SCM 성과)에 대한 독립변수 SCM 실행의 주 효과를 검토하기 위한 것이고, β_2는 SCM 실행과 최고경영자의 상호 작용 효과를 측정하기 위해 검토된다. 만약 비표준화된 계수 β_2가 유의적이면 상호 작용 효과가 존재한다고 결론을 내릴 수 있다. 그리고 그 부호가 양이면($+$) SCM 실행의 효과는 최고경영자 지원에 따라 커지므로 상호 작용 효과가 시너지 효과를 보인다고 해석할 수 있다. 반면 부호가 음($-$)이면 SCM 실행의 효과는 최고경영자 지원이 증가함에 따라 감소하므로 최고경영자 지원이 SCM 실행의 효과를 억제한다고 볼 수 있다.

3. 제품별 공급사슬 적절성의 SCM 실행과 SCM 성과에 대한 조절효과

제품수요의 성격에 따라 공급사슬이 강조해야 하는 기능이 달라진다. 공급사슬의 물리적 기능은 생산, 운송, 재고비용이 주를 이루게 되며, 시장중개기능이 원활하지 않았을 때의 비용은 공급기업들이 높은 성과를 내기 위해서는 위의 환경에 적합한 수요의 특성과 공급사슬전략의 적합성을 필요로 한다. 결국 경영자가 제품의 성격과 공급사슬의 특성을 파악했다면 이상적인 공급사슬전략을 수립하기 위한 모형을 사용해야 한다(Fisher, 1997).

그래서 안정적 수요와 낮은 이익률의 기능적 제품과 기능제품에 비해 환경 불확실성이 높은 혁신제품군은 다른 공급사슬이 필요하다.

그런데 기업에서 공급사슬방향과 기업에서 취급하는 제품의 특성에 대한 적절한 조화가 되지 않을 때 공급사슬관리 성과에 좋지 않을 것으로 보인다. 실제 Fisher(1998)의 사례연구 결과가 이런 상황을 뒷받침한다.

이와 같은 논거를 토대로 본 연구에서는 다음과 같은 가설을 설정하고 이를 측정하기 위해 아래와 같은 연구모형을 추정한다.

가설 3. 제품별 공급사슬방향이 적절할수록 SCM 실행이 SCM 성과에 미치는 영향이 클 것이다.

[연구모형]

$$SCMP = \alpha_0 + \beta_1 \, SCM + \beta_2 \, PSC + e \ldots\ldots\ldots (가설3)$$

여기서 SCMP: SCM 성과,

SCM: SCM 실행,

PSC: 제품별 공급사슬 적절 여부

명목변수에 대해 조절효과를 측정할 때는 회귀식에 명목변수를 더미변수로 처리하여 검정할 수 있다.

그래서 SCM 실행과 SCM 성과 간의 회귀식에 제품별 공급사슬 적절 여부에 대한 변수를 설명변수로 추가하여 중회귀분석을 실시한다. β_2가 유의적으로 나올 때 제품별 공급사슬 적절성이 조절변수로서의 의미가 있다고 해석할 수 있다.

4. SCM 관련 정보기술과 다른 SCM 실행변수들

SCM 관련 소프트웨어의 실행만이 SCM의 실행의 전부가 아님에도 불구하고 많은 연구들과 실무자들은 SCM 관련 소프트웨어의 도입이 SCM의 실행인 것으로 여기고 있다. 그만큼 SCM은 IT기술을 제외하고 논의하기 어렵다. 정보기술의 활용은 신속 정확한 커뮤니케이션과 정보공유를 촉진할 것으로 예상된다. 특히 웹 기반 소프트웨어 기술의 발전이 EDI 활용을 촉진하고, 구매자-공급자 연계에 중요한 역할을 할 것으로 예상되고 있다(이윤선, 백종현, 김종현, 2004). 이와 같은 논거를 토대로 본 연구에서는 다음과 같은 가설을 설정하고 이를 측정하기 위해 아래와 같은 연구모형을 추정한다.

가설 4. SCM 관련 정보기술의 이용을 잘할수록 다른 SCM 실행변수들의 실행수준이 높을 것이다.

[연구모형]

$$SCM' = \alpha_0 + \beta_1\,ITT + e \quad\text{.................................(가설4)}$$

여기서 SCM': SCM 실행(파트너십 관계, SCM 관련 정보기술을 제외한 SCM 실행)

ITT: SCM 관련 정보기술

5. 파트너십 관계와 다른 SCM 실행변수들의 선행변수 역할

Sheridan(1998)에 의하면 정보기술은 SCM 실행의 성공을 위한 부분적인 해결이 될 수 있다고 하였다. 보이지 않는 신뢰, 커미트먼트, 비전공유 등에 기반을 둔 좋은 파트너십 없이는 복잡한 SCM 실행상의 여러 활동들이 이루어지기 어렵다는 것이다. 공급사슬상의 많은 문제들의 경우 기술적인 부분으로 해결되기보다 사람들과 관련해서 해결해야 하는 부분이 많다. 기술적인 부분은 컴퓨터시스템을 통해 사람들을 연결하는 데 도움을 줄 수는 있는 도구이기는 하지만 사람들은 행동, 정신, 절차 등에서 새로운 방법들에 빠르게 변화하지 못한다(Wright, 2001). 그래서 값비싼 소프트웨어들이 공급사슬상의 적대적 관계를 만들어 내는 기업문화나 사고를 해결하기는 어려웠다.

정보공유나 정보품질 역시 조직 간의 신뢰와 비전공유 등이 뒷받침되지 않을 때 실행되기 어려운 부분이 있다. 그래서 SCM 실행의 변수들이 다른 조직들과의 관계를 우선적으로 해결하지 않고는 제대로 실행되기 어려움이 존재한다고 할 수 있다.

이와 같은 상황을 볼 때 다음과 같은 가설과 연구모형을 제시할 수 있다.

가설 5. 파트너십 관계가 좋을수록 다른 SCM 실행변수들의 실
행수준이 높을 것이다.

[연구모형]

$$SCM' = \alpha_0 + \beta_1 PS + e \dots\dots\dots\dots\dots\dots\dots\dots\dots (가설5)$$

여기서 SCM': SCM 실행(파트너십 관계, SCM 관련 정보
기술을 제외한 SCM 실행)

PS: 파트너십

제3절 연구방법

1. 표본설계

본 연구의 연구대상은 SC상의 중심이 되는 제조업체와 유통업체
를 주 대상으로 한다. 본 연구에서 자료수집 대상을 기업수준으로
한 것은 SCM 실행은 기업의 전사적 차원에 해당하며 특히 SCM
추진 시 시스템 도입을 고려할 때 사업부 단위로 고려하는 것은
무리가 있다. 삼성전자와 같이 기업 내의 사업부별로 시스템 도입
을 시작한 기업도 있지만 일반적으로는 전사적 차원에서의 시스템
도입이 이루어지고 있기 때문이다.

설문을 이용한 실증연구가 갖는 중요한 문제 중의 하나는 자료수
집에 있어서 응답자의 적정성에 대한 것이다. 대상기업 선정은 공급

사슬상에서 실행하는 대부분이 기업에서 이루어지는 활동이지만 특별히 SCM이라는 개념을 가지고 SCM 전략을 실행하고 있는 업체를 선정하는 것이 본 설문응답의 신뢰성을 높이는 방법이 될 것이다. 그래서 이러한 업체를 접근하기 위한 방법으로 각 협회나 대학교의 SCM 전문가 교육에 참여한 업체와 교육 참여자를 우선 선정하였다.

그리고 SCM 대표사례로 소개되고 있는 업체들을 선정하여 SCM 추진팀의 담당자를 대상으로 설문을 의뢰하였다. 위와 같은 방법으로는 샘플이 충분하지 않아 상장기업과 코스닥 등록업체 중 제조업을 대상으로 SCM 실행 관련 부서 담당자를 추적하여 전화인터뷰 후 설문을 의뢰하였다.

2. 연구수행을 위한 설문항목

본 연구를 위한 설문항목은 다음의 <표 3-1>의 참고문헌들에서 이용된 설문항목을 이용하였다. 모든 항목은 7점 척도로 작성되었다.

<표 3-1> 연구수행을 위한 설문항목

연구변수	측정대상	참고문헌
SCM 실행	최종고객관계	Tan et al(1998)
	정보공유	Monzka et al(1998)
	정보품질	Suhong Li(2002), 서창적(2001)
	린시스템	Suhong Li(2002)
	연기	Van Hoek et al(1999), Lee and Billington(1995)
	파트너관계	Spekman et al(1998), Tan et al(1998), Gentry(1995)
	SCM 관련 정보기술	Suhong Li(2002)

연구변수	측정대상	참고문헌
SCM 성과	공급사슬 유연성	Vickery et al(1999)
	공급사슬 통합	Stock et al(1998)
	고객대응력	Beamon(1998), Kiefer and Novack(1999)
	공급자성과	Beamon(1998), Levy(1997), Tan et al(1998)
	파트너십 품질	Lee and Kim(1999), Harland(1996)
조절변수	최고경영자 지원	Lee and Kim(1999), Suhong Li(2002)
	제품별 공급사슬 적절성	Fisher(1997)

3. 연구방법

(1) SCM 실행변수에 대한 가중치 결정

주어진 대안의 상대적 선호도 혹은 속성의 상대적 중요도를 비교하는 데 사용하는 척도로 고정총합법이 있다. 이 방법은 100 혹은 다른 일정한 값을 주어진 대안 혹은 속성에 할당하도록 하는 방법으로 속성의 중요도를 측정할 수 있으나 대안이나 속성이 많은 경우 응답이 어려워지는 한계를 가진다(이학식, 2001). 그래서 본 연구에서는 고정총합법을 이용하여 가중치를 결정하지만 고정총합법이 가지는 한계, 즉 응답자의 응답에 대한 어려움을 줄이기 위해 다음과 같은 방법을 이용하였다.

각 SCM 실행변수가 SCM 실행에서 중요한 정도를 10점 만점으로 점수를 부여하도록 하여 아래 계산식을 이용하여 변수 각각의 상대적 중요도의 값으로 변환하였다.

[계산식]

$$\alpha_0 = \alpha_1 + \alpha_2 + \alpha_3 + \alpha_4 + \alpha_{5+} \alpha_6 + \alpha_7$$

$$a_1 = \alpha_1/\alpha_0, a_2 = \alpha_2/\alpha_0, a_3 = \alpha_3/\alpha_0, a_4 = \alpha_4/\alpha_0, a_5 = \alpha_5/\alpha_0, a_6 = \alpha_6/\alpha_0, a_7 = \alpha_7/\alpha_0,$$

여기서　α_0 : SCM 실행변수 중요도 합

α_1 : 파트너관계 중요도

α_2 : 최종고객관계 중요도,

α_3 : SCM 관련 정보기술 중요도,

α_4 : 정보공유 중요도,

α_5 : 정보품질 중요도,

α_6 : 린시스템 중요도,

α_7 : 연기중요도,

a_1 : 파트너관계 가중치,

a_2 : 최종고객관계 가중치,

a_3 : SCM 관련 성보기술 가중치,

a_4 : 정보공유 가중치,

a_5 : 정보품질 가중치,

a_6 : 린시스템 가중치,

a_7 : 연기 가중치,

(2) SCM 실행 측정

위의 고정총합법을 이용하여 SCM 실행수준을 평가할 수 있는 각 SCM 실행변수들에 대한 가중치를 적용한 후 SCM 실행변수들

의 실행 정도를 합하여 SCM 실행수준을 계산하였다.

[계산식]

$$SCM = a_1PS + a_2CR + a_3ITT + a_4IC + a_5IMQ + a_6LS + a_7PP$$

여기서　SCM: SCM 실행 정도,

a_1 : 파트너관계 가중치,

a_2 : 최종고객관계 가중치,

a_3 : SCM 관련 정보기술 가중치,

a_4 : 정보공유 가중치,

a_5 : 정보품질 가중치,

a_6 : 린시스템 가중치,

a7: 연기 가중치,

PS: 파트너관계,

CR: 최종고객관계,

ITT: SCM 관련 정보기술,

IC: 정보공유,

IMQ: 정보품질,

LS: 린시스템,

PP: 연기

(3) SCM 성과측정

위에서 SCM 실행변수들의 가중치를 측정하는 방법과 동일한 방법으로 SCM 성과를 평가할 수 있는 각 SCM 성과변수들의 가중치를 결정한다. 각 SCM 성과변수들에 대해 가중치를 적용한 후 각 SCM 성과변수들의 성과를 합하여 SCM 성과를 계산하였다.

[계산식]

$$SCMP = a_{11}SCF + a_{12}SCI + a_{13}CRP + a_{14}SP + a_{15}PQ$$

여기서　SCMP: SCM 성과,

a_{11} : 공급사슬 유연성 가중치,

a_{12} : 공급사슬 통합 가중치,

a_{13} : 고객대응력 가중치,

a_{14} : 공급자성과 가중치,

a_{15} : 파트너십 품질 가중치,

SCF: 공급사슬 유연성,

SCI: 공급사슬 통합,

CRP: 고객대응력,

SP: 공급자성과,

PQ: 파트너십 품질

(4) SCM 실행과 SCM 성과 간의 관계

앞에서 제시된 방법으로 측정된 SCM 실행과 SCM 성과를 이용하여 SCM 실행과 SCM 성과 간의 관계를 검정하기 위해 아래의 단순회귀분석을 하였다.

[회귀식]

$$SCMP = \alpha_0 + \beta_1 SCM + e$$

여기서　SCMP: SCM 성과,

SCM: SCM 실행

(5) SCM 실행과 SCM 성과 간의 조절변수로서 '최고경영자 지원'

최고경영자 지원에 대한 정도를 계산하여 최고경영자 지원과 SCM 실행변수 간의 관계를 위해 회귀분석을 하였다.

종속변수와 독립변수가 계량적 척도에 의해 측정되었을 때 주효과와 상호 작용효과는 조절회귀분석에 의해 검토될 수 있다. SCM 실행에 대한 '최고경영자 지원'의 조절적 역할에 대한 추정은 SCM 실행에 있어서 효과적인 '최고경영자 지원'이 SCM 성과에 어떻게 영향을 미치는지에 대한 보다 높은 통찰력을 제공할 수 있다.

'최고경영자 지원'의 SCM 실행에 따른 SCM 성과에 미치는 영향을 식으로 표현하면 다음과 같다.

[회귀식]

$$SCMP = \alpha_0 + \beta_1 SCM + \beta_2 SCM \times CEO + e$$

여기서 SCMP: SCM 성과,

SCM: SCM 실행,

CEO: 최고경영자 지원

(6) SCM 실행과 SCM 성과 간의 조절변수로서 '제품과 공급사슬 적절성'

'제품과 공급사슬 적절성'은 명목변수로 측정된다. 명복변수에 대해 조절효과를 측정할 때는 회귀식에 명목변수를 더미변수로 처리하여 검정할 수 있다.

그래서 SCM 실행과 SCM 성과 간의 회귀식에 제품과 공급사슬 적절 여부에 대한 변수를 설명변수로 추가하여 중회귀분석을 실시하였다.

[회귀식]

$$SCMP = \alpha_0 + \beta_1 SCM + \beta_{2PSC} + e$$

여기서 SCMP: SCM 성과, SCM: SCM 실행, PSC: '제품별 공급사슬 적절성'

(7) 가설 1에 대한 보충적 탐색연구

가설 1에 대한 보충적 탐색연구로 SCM의 개별 성과변수를 가장 잘 설명할 수 있는 SCM 실행변수를 찾아낼 수 있는 중회귀분석을 실시하였다.

[회귀식]

$$SCMP = \alpha_0 + \beta_1 CR + \beta_2 ITT + \beta_3 IC + \beta_4 IMQ + \beta_5 LS + \beta_6 PP + \beta_7 PS$$

$$SCF = \beta_0 + \beta_1 CR + \beta_2 ITT + \beta_3 IC + \beta_4 IMQ + \beta_5 LS + \beta_6 PP + \beta_7 PS$$

$$SCI = \alpha_0 + \beta_1 CR + \beta_2 ITT + \beta_3 IC + \beta_4 IMQ + \beta_5 LS + \beta_6 PP + \beta_7 PS$$

$$CRP = \alpha_0 + \beta_1 CR + \beta_2 ITT + \beta_3 IC + \beta_4 IMQ + \beta_5 LS + \beta_6 PP + \beta_7 PS$$

$$SP = \alpha_0 + \beta_1 CR + \beta_2 ITT + \beta_3 IC + \beta_4 IMQ + \beta_5 LS + \beta_6 PP + \beta_7 PS$$

$$PQ = \alpha_0 + \beta_1 CR + \beta_2 ITT + \beta_3 IC + \beta_4 IMQ + \beta_5 LS + \beta_6 PP + \beta_7 PS$$

여기서, SCF: 공급사슬 유연성, SCI: 공급사슬 통합, CRP: 고객 대응력, SP: 공급자성과, PQ: 파트너십 품질

제4장 분석 결과와 가설 검정

제1절 기술통계량 및 신뢰성 검정

1. 기술통계량

설문조사 결과 표본집단의 특성은 아래 <표 4-1>과 같이 나타났다.

<표 4-1> 표본집단의 응답분포

구 분		응답자 수	백분율
공급사슬상의 위치	원재료 공급자	2	3.33%
	부분품 공급자	6	10.00%
	제조업자	45	75.00%
	유통업자	7	11.07%
업종	석유 화학	9	15.00%
	음식료품	11	18.33%
	철강 비철금속	1	1.67%
	전기기계	6	10.00%
	자동차 운송장비	2	3.33%
	조선 기계	4	6.67%
	제약	3	5.00%
	종이 펄프	1	1.67%
	전자 통신장비	10	16.67%
	유통	6	10.00%
	기타	7	11.67%
직위	차장 이상	30	50.00%
	과장	14	23.33%
	대리	11	18.33%
	사원	5	8.33%

구 분		응답자 수	백분율
근무연수	10년 이상	41	68.33%
	5~10년	9	15.00%
	3~5년	6	10.00%
	3년 미만	4	6.67%
총		60	100%

본 연구에서는 업종, 공급사슬상의 위치, 직급에 대하여 응답분포를 조사하였다. 연구대상 업종은 일반화된 결과를 위해 한 산업에 치우치지 않고 다양한 산업에서 설문을 받아 연구하고자 노력하였다.

공급사슬상의 위치는 재료 공급자, 부분품 공급자, 조립업자, 제조업자, 유통업자, 도매업자, 소매업자 등으로 나누어 질문하였다. 여기서 구매자·공급자의 전체적 관점에서 측정할 수 있도록 공급사슬상의 중심에 위치하고 있는 제조업과 유통업체 위주로 설문을 받고자 하였다. 설문의 항목들이 여러 부서에 걸친 광범위한 내용이므로 직급이 낮은 응답자를 피하고자 하였고 기업마다 상황에 따라 설문에 정확한 응답을 해 줄 수 있는 여러 사람에게서 응답을 받기도 하였다.

설문응답자는 공급사슬 위치상에서는 제조업(75.00%)이 가장 많았으며, 업종별로는 음식료품업종이 18.33%로 가장 많았으나 비교적 골고루 분포되었다. 그리고 응답자의 절반이 차장급 이상(50.00%)이며 10년 이상 근무자가 68.33%로 2/3 이상이었다.

<표 4-2>는 연구수행을 위해 정의된 변수와 관련하여 수집된 자료의 기술통계량을 요약하고 있다. 전반적으로 응답기업의 SCM

실행수준은 보통수준(평균＝4.49)을 약간 상회하는 것으로 나타났다.

SCM 실행변수 7개 중 가중치가 높은 순서는 최종고객관계(0.160), 파트너십(0.155), SCM 관련 정보기술(0.140), 정보공유(0.141), 정보품질(0.142), 린시스템(0.139), 연기(0.119)였다. 또한 SCM 실행변수 7개의 평균의 높은 순서는 최종고객관계(5.05), 파트너십(4.71), 정보공유(4.55), 린시스템(4.50), 정보품질(4.28), SCM 관련 정보기술(4.09), 연기(3.60) 순이었다. 최종고객관계는 SCM 실행 중 가중치도 가장 높고 평균도 가장 높았다. 기업들에서 SCM 실행을 할 때 최종고객에 대한 중요성을 가장 크게 보고 있으며 실제 실행도 열심히 하고 있는 것으로 보인다.

SCM 성과의 5개 변수 중 가중치가 높은 순서는 고객대응력(0.23), 공급자성과(0.21), 공급사슬 유연성(0.19), 파트너십 품질(0.19), 공급사슬 통합(0.17) 등으로 나타났다. 또한 SCM 성과변수 5개 평균의 높은 순서는 고객대응력(5.28), 공급사슬 유연성(4.94), 공급자성과(4.56), 파트너십 품질(4.43), 공급사슬 통합(4.38) 순이었다. SCM 실행에서 최종고객관계의 가중치와 평균이 가장 높은 점수를 보인 것처럼 SCM 성과에서도 고객대응력이 가중치와 평균에서 가장 높았다. 실행과 성과에서 일관된 결과를 보여주고 있다.

<표 4-2> 연구수행을 위한 설문항목들의 기술통계량

내용		중요도**	가중치	Mean	Std. Dev.
SCM 실행수준				4.29	0.74
파트너십 실행	구매사 파트너십	7.44		4.73	0.98
	공급사 파트너십	7.46		4.75	0.86
	운송자 파트너십	7.04		4.62	1.20
	총 파트너십	7.32	0.155	4.71	0.67
최종고객관계		7.52	0.160	5.05	1.27
정보공유		6.67	0.141	4.55	1.22
정보품질		6.70	0.142	4.28	1.11
SCM 관련 정보기술		6.60	0.140	4.09	1.50
린시스템		6.57	0.139	4.50	0.80
연기		5.59	0.119	3.60	1.00
SCM 성과수준				4.52	1.12
공급사슬 유연성		6.74	0.19	4.94	1.12
공급사슬 통합		6.04	0.17	4.38	1.08
고객대응력		8.04	0.23	5.28	1.09
공급자성과		7.12	0.21	4.56	0.67
파트너십 품질		6.82	0.19	4.43	0.85
최고경영자 지원		7.38		5.08	1.23

* 모든 항목은 7점 척도로 질문
** 중요도는 10점 만점으로 질문

<표 4-3>은 변수들 간의 상관관계를 나타내고 있다. SCM 실행과 SCM 성과($\rho = 0.569$, $p = 0.000$)는 유의적인 정(+)의 관계를 갖는 것으로 나타났다. 그리고 SCM 실행변수 7개(최종고객관계, 정보공유, 정보품질, 린시스템, 연기, SCM 관련 정보기술, 파트너십)와 SCM 성과와도 모두 유의적인 정(+)의 관계를 갖는 것으로 나타났다. 이는 SCM 실행변수들이 SCM 성과와 관계가 있다고 밝혀진 것으로 변수선정이 유효했음을 보여주고 있다. SCM 실행변수들 간의 관계를 보면 최종고객관계는 정보공유, 정보품질, 린시

스템과 유의적인 정(+)의 관계가 있는 것으로 나타났고, 정보공유
는 정보품질, 파트너십과 유의적인 정(+)의 관계가 있는 것으로
나타났으며, 정보품질은 린시스템, 연기, 파트너십과 유의적인 정
(+)의 관계가 있는 것으로, 린시스템은 연기와 파트너십과 유의적
인 정(+)의 관계가 있는 것으로 나타났다.

<표 4-3> 연구단위들 간의 상관관계행렬

	SCM 성과	SCM 실행	고객 관계	정보 공유	정보 품질	린 시스템	연기	SCM 정보 기술	파트 너십	최고 경영자 지원
SCM 성과										
SCM 실행	.569** (.000)									
최종고객관계	.505** (.000)	.556** (.003)								
정보공유	.496** (.000)	.602** (.000)	.586** (.000)							
정보품질	.467** (.001)	.665** (.000)	.494** (.000)	.649** (.000)						
린시스템	.466** (.001)	.456** (.001)	.240** (.005)	.115 (.211)	.250* (.039)					
연기	.334** (.010)	.313* (.016)	.046 (.376)	.141 (.167)	.214* (.070)	.345** (.008)				
SCM 정보기술	.201* (.080)	.492** (.000)	.132 (.165)	.026 (.424)	.103 (.225)	.121 (.201)	-0.65 (.330)			
파트너십	.250* (.040)	.479** (.000)	.105 (.222)	.183* (.090)	.374** (.002)	.410** (.002)	.165 (.130)	.200 (.146)		
최고경영자지원	.489** (.000)	.206* (.071)	.472** (.000)	.201* (.071)	.234* (.043)	.424** (.001)	.088 (.276)	.073 (.301)	.148 (.143)	

SCM 실행변수들 간의 상관관계가 있는 것으로 나타난 것은 다
중공선성의 우려가 있다. 하지만 이 부분에 대한 검정은 VIF(분산

확대지수) 값이 모두 6 이하로 나타남으로 다중공선성의 문제는 없는 것으로 밝혀졌다(<표 4 - 11> 참고).

SCM 성과와 최고경영자 지원($\rho = 0.489$, $p = 0.000$)도 유의적인 정(+)의 관계가 있는 것으로 나타남으로써 최고경영자 지원이 SCM 성과향상에 대해 독립변수로서 또한 조절변수로서의 역할의 가능성을 보여주고 있다.

2. 신뢰성 검정

신뢰성은 측정도구의 정확성이나 정밀성을 나타내는 것으로 동일한 개념을 독립된 측정방법으로 측정한 경우 결과가 비슷하게 나타나야 한다는 것을 의미한다.

본 연구에서는 SCM 실행변수인 파트너십, 최종고객관계, SCM 관련 정보기술, 정보공유, 정보품질, 린시스템, 연기 등 7가지 변수와, SCM 성과변수인 공급사슬 유연성, 공급사슬 통합, 고객대응력, 공급자성과, 파트너십 품질, 등 5가지 변수와 조절변수인 최고경영자 지원, 제품특성, 공급사슬관리 방향 등 3가지 변수에 대하여 신뢰성을 검정하기 위해 Cronbach's α를 이용해 변수들의 내적 일관성을 조사하였다.

<표 4 - 4>에 정리된 분석 결과 본 연구에서 이용하고 있는 변수들의 Cronbach's α 값들은 공급자성과(Cronbach's α = 0.5707)를 제외하고 모두 0.6 이상을 넘었다. 특히 정보품질(Cronbach's α = 9038), 최고경영자 지원(Cronbach's α = 9027)은 매우 높은 값으로

나타났다. 이는 각 척도들을 구성하는 항목들 간에 내적 일관성이 있음을 의미하는 것이다.

린시스템, 공급자성과, 파트너십 품질 등은 1개의 항목을 제외하였을 때 Cronbach's α 값들의 증가를 보여 분석에서 해당 항목을 제외하였다.

<표 4-4> 변수의 신뢰도

변수명	초기항목 수	초기 Cronbach's α	최종항목 수	최종 Cronbach's α
구매사 파트너십	8	.8325	8	.8325
공급사 파트너십	9	.7625	9	.7625
운송자 파트너십	7	.8277	7	.8277
최종 고객관계	4	.8851	4	.8851
SCM 관련 정보기술	14	.8132	14	.8132
정보공유	2	.7762	2	.7762
정보품질	6	.9038	6	.9038
린시스템	8	.6806	7	.7120
연기	5	.6616	4	.6788
공급사슬 유연성	4	.8289	4	.8289
공급사슬 통합	4	.8129	4	.8129
고객대응	3	.8340	3	.8340
공급자성과	4	.4024	3	.5707
파트너십 품질	4	.6242	3	.7735
최고경영자 지원	5	.9025	5	.9025

제2절 가설 검정

1. SCM 실행과 SCM 성과에 관한 가설 검정 결과

SCM 실행을 독립변수로 SCM 성과를 종속변수로 투입하여 회귀분석한 결과 전체 설명력(Adj R^2)은 30.9%로 나타났으며, 오차분산과 설명된 분산의 비를 나타내는 F값은 22.448이었으며 이때 유의확률은 0.000으로서 1% 유의수준에서 통계적으로 유의성이 있는 것으로 나타났다.

표준화계수(Beta)는 회귀계수를 표준화한 것으로 회귀계수의 중요도를 나타내 준다. 독립변수들마다 단위가 다를 때에는 회귀계수만으로는 그 중요도를 판단할 수 없으므로 변수의 단위를 표준화하여 회귀계수를 도출함으로써 독립변수들의 상대적 중요도를 나타내 주는 것이다.

위와 같은 결과를 볼 때 SCM 실행과 SCM 성과 간에는 1% 유의수준에 통계적으로 유의적인 것으로 판명되었다.

또한 전체 설명력이 30.9% 정도로 높은 수준의 설명력을 보여주고 있다. 이는 SCM 실행에 포함되었던 변수가 SCM 성과를 잘 설명하고 있는 것으로 SCM 실행변수들이 의미 있게 선정되었음을 반증한다. 단편적인 변수선정이 아닌 공급사슬상의 기업 간의 연계개념을 포괄한 변수들이 SCM 성과를 충분히 설명할 수 있었다.

그래서 연구가설 1 "SCM 실행을 잘하는 기업일수록 SCM 성과가 높을 것이다."는 지지되었다.

<표 4-5> SCM 실행과 SCM 성과에 대한 회귀식 결과

변 수	분 석			
	B	Beta	T	SigT
상 수	2.156***		3.875	.000
SCM 실행	.589	.569***	4.742	.000
Adj R^2=0.309 F=22.448 Sig F=0.000				

***은 1%에서 유의적. SCMP: SCM 성과. SCM: SCM 실행

2. '최고경영자 지원'의 SCM 실행과 SCM 성과에 대한 조절효과 검정

<표 4-6>에서 '최고경영자 지원'의 SCM 실행과 SCM 성과에 대한 조절효과에 대한 회귀식 결과가 제시되었다. F값(17.386)은 유의도가 0.000으로 1% 유의수준에서 통계적으로 유의적인 것으로 나타났다. 이때 Adj R^2 값이 40.6%로 설명력이 높게 나타났다. 그래서 가설 1을 검정하기 위해 제시된 회귀식의 Adj R^2 값 30.9%보다 설명력이 올라간 것으로 볼 때, 또한 최고경영자 지원의 Beta의 유의도(0.00)가 1% 범위 내에서 통계적으로 유의적임을 볼 때 '최고경영자 지원'이 SCM 실행과 SCM 성과에 대한 조절효과가 있는 것으로 나타났다. 즉 최고경영자가 SCM에 대한 적극적인 지원이 있을 때 SCM 실행에 대한 SCM 성과의 영향력이 더 크다고 해석할 수 있다. SCM을 통해 공급사슬상에서 성과를 거두고자 기대하는 기업들은 최고경영자들에게 구매사·공급사에 대한 협력적인 관계가 중요함을 인식시키면서 SCM 전략의 중요성에 대

해 설득하는 일이 선행되어야 할 것이다. 이는 또한 SCM은 Top-down 방식의 전략임을 시사하는 결과이다.

<표 4-6> 최고경영자 지원의 SCM 실행과 SCM 성과에 대한 조절효과 회귀식 결과

SCMP = 2.649 + 0.193 SCM + 0.498 SCM×CEO				
변 수	분 석			
	B	Beta	T	SigT
상 수	2.649***		4.882	.000***
SCM 실행	.200	.193	1.141	.13
최고경영자의지원	.005	.498***	2.938	.000***
Adj R² = .406 F = 17.386 Sig F = .000***				

** 5% *** 1%에서 유의적. CEO: 최고경영자 지원

위의 분석 결과를 볼 때 연구가설 2는 "최고경영자의 SCM에 대한 지원이 클수록 SCM 실행이 SCM 성과에 미치는 영향이 클 것이다."는 것을 검정하였는데 통계적으로 유의적이므로 가설이 채택되었다.

3. '제품별 공급사슬 적절성'의 SCM 실행과 SCM 성과에 대한 조절효과 검정

<표 4-7>에서 '제품별 공급사슬 적절성'의 SCM 실행과 SCM 성과에 대한 조절효과에 대한 회귀식 결과가 제시되었다. F값 (10.679)은 유의도가 0.000으로 1% 범위에서 통계적으로 유의적인 것으로 나타났다. 이때 Adj R² 값이 40.9%로 설명력이 나타났다.

가설 1을 검정하기 위해 제시된 회귀식의 Adj R^2 값 30.9%보다 설명력이 10% 정도 증가하였음을 볼 때 또한 제품별 공급사슬 적절성의 Beta가 1% 범위 내에서 유의적인 것으로 볼 때 제품별 공급사슬 적절성이 SCM 실행과 SCM 성과에 대한 조절효과가 있는 것으로 나타났다.

<표 4-7> '제품별 공급사슬 적절성'의 SCM 실행과 SCM 성과에 대한 조절효과 회귀식 결과

SCMP = 1.843 + 0.564 SCM + 0.385 PSC				
변 수	분	석		
	B	Beta	T	SigT
상 수	1.843***		2.584	.008
SCM 실행	.606	.564***	3.880	.000
제품별 공급사슬 적절성	.540	.385***	2.645	.007
Adj R^2 = .409 F = 10.679 Sig F = .000				

*** 1%에서 유의적, PSC: 제품별 공급사슬 적절성

위의 분석 결과를 볼 때 연구가설 3은 "제품별 공급사슬방향이 적절할수록 SCM 실행과 SCM 성과 사이에 미치는 영향이 클 것이다."는 것을 검정하였는데 통계적으로 유의적이므로 가설이 지지되었다.

기능적 제품인 경우 비용측면이 강조된 효율적 공급사슬구조를 선택하여야 하고, 혁신적인 제품은 제품 차별화가 되어 있고 급격한 수요변동에 대하여 유연성을 가지고 있는 반응적 공급사슬구조를 선택하여야 한다고 하였던 Fisher의 주장이 실증분석을 통해 지지되었다.

이는 실증분석을 통해 처음으로 밝혀진 결과로, SCM 실행 기업들이 SCM 실행의 직접적인 변수가 아니며 전략적인 방향의 문제라고 할 수 있는 제품별 공급사슬 적절성이 SCM 성과향상에 영향을 미치고 있음이 검정되었다.

4. 'SCM 관련 정보기술'과 SCM 실행

<표 4-8>에 SCM 관련 정보기술을 독립변수로 SCM 실행을 종속변수로 하는 회귀식 결과가 제시되었다. 회귀분석 결과 F값은 2.697이며 유의도가 0.053로 5% 유의수준에서 통계적으로 유의적인 것으로 나타났다. 그리고 Adj R^2는 0.030 정도로 SCM 관련 정보기술이 SCM 실행의 선행 실행변수로서 3% 정도의 설명력을 가지는 것으로 보인다. 이는 SCM 실행에서 정보기술의 역할이 중요함이 널리 인식되어 있는 다른 연구 결과들과 동일하였다. SCM에 전략을 인식하고 실행하고자 할 때 대부분의 기업에서 솔루션 도입에 대해 우선적인 고려를 하게 된다. 그러나 솔루션의 도입은 막대한 비용을 유발하므로 비용에 대한 효용을 확신할 수 없다면 투자는 쉽지 않다. 본 연구의 가설이 지지됨으로써 SCM 관련 솔루션 도입을 고려하는 기업에 도입에 대한 확신을 제공할 수 있을 것으로 보인다. 그리고 도입 자체도 중요하지만 이용을 잘하는 것이 SCM 실행에 도움이 된다는 것이 밝혀진 결과이다.

그래서 가설 4인 "SCM 관련 정보기술의 이용을 잘할수록 다른 SCM 실행변수들의 실행수준이 높을 것이다."는 지지되었다.

변 수	분	석		
	B	Beta	T	SigT
상 수	3.811***		11.826	.000
SCM 관련 정보기술(ITT)	.120	.220**	1.642	.045

SCM' = 3.811 + .220 ITT

Adj R^2 = 0.030 F = 2.697 Sig F = .053

** 5%, *** 1%에서 유의적. SCM': SCM 실행(파트너십, SCM 관련 정보기술을 제외한 SCM 실행)

5. '파트너십'과 SCM 실행

<표 4-9>에서 파트너십을 독립변수로 SCM 실행을 종속변수로 하는 회귀식 결과가 제시되었다. 회귀분석 결과 F값은 6.883이며 유의도가 0.005로 1% 유의수준에서 통계적으로 유의적인 것으로 나타났다. 거래파트너들과의 신뢰와 비전공유, 커미트먼트들이 사전에 이루어질 때 최종고객관계, 정보공유, 정보품질, 린시스템, 연기 등의 다른 SCM 실행변수들의 실행을 높일 수 있을 것이다. 위에서 SCM 관련 정보기술도 선행변수로서의 역할이 있음이 검정되었지만 설명력(SCM 관련 정보기술: Adj R^2 = 0.030, 파트너십: Adj R^2 = 0.100)은 파트너십이 높았다. 이를 통해서 SCM 실행은 기술적인 부분도 중요하지만 사람 사이의 상황에 대한 전략이 더 중요할 수 있음을 알 수 있다.

그래서 본 연구의 가설 5 "파트너십관계가 좋을수록 다른 SCM

실행변수들의 실행수준이 높을 것이다."는 지지되었다.

<표 4 - 9> 파트너십과 SCM 실행에 대한 회귀식 결과

변 수	분 석			
	B	Beta	T	SigT
상수	2.383***		3.199	.000
파트너십	.411	.342***	2.623	.006

SCM' = 2.383 + 0342 PS

Adj R^2 = 0.100 F = 6.883 Sig F = .005

** 5%, *** 1%에서 유의적, PS: 파트너십

6. 가설 검정 결과 요약

본 연구에서 검정하고자 하였던 5개의 가설은 모두 지지되었다.
결과는 아래의 <표 4 - 10>에 요약하였다.

<표 4 - 10> 가설 검정 결과 요약

	변수관계	F값	Sig F	Adj R^2	회귀식
가설 1	SCM 실행과 SCM 성과의 관계	22.45	0.000	0.309	SCMP = 2.156 + 0.569SCM
가설 2	최고경영자 지원의 조절효과	17.39	0.000	0.406	SCMP = 2.649 + 0.193SCM + 0.498SCM × CEO
가설 3	제품별 공급사슬 적절성의 조절효과	10.68	0.000	0.409	SCMP = 1.843 + 0.564SCM + 0.385PSC
가설 4	SCM 관련 정보기술과 SCM 실행	2.70	0.053	0.030	SCM' = 3.811 + .120ITT
가설 5	파트너십과 SCM 실행	6.88	0.005	0.10	SCM' = 2.383 + 0342PS

7. 가설 1에 대한 세부적 분석

SCM 실행수준이 SCM 성과에 미치는 영향에 대하여 가설 1에서 검정되었다.

이러한 가설 1에 대한 보충연구로 SCM 실행변수들이 SCM 성과변수들 각각에 대해 통계적으로 유의적인지 알아보고, 유의적인 변수들 중 의미 있는 변수들을 추출해 보고자 한다.

이와 같은 탐색연구는 이 후 SCM 실행과 성과에 대한 사례연구 및 본 연구모형의 확장연구의 기초 데이터로 활용하는 데 도움이 될 것이며, 이는 특별히 연구과정 중 실무자들이 관심을 많이 가지고 있는 부분이기도 하였다.

가설 1에 대한 세부적 분석 결과는 아래의 내용과 같다.

(1) SCM 실행변수들과 SCM 성과

SCM 성과에 SCM 실행변수들 각각이 어떻게 영향을 미치는가 회귀분석을 실시하였다. SCM 실행변수 중 SCM 성과와의 관계에서 통계적으로 유의적인 변수는 '최종고객관계, 린시스템'이다. 개별적으로는 유의적이지 않은 변수도 있었지만 회귀식 전체적으로는 F값은 4.799이고 유의도가 0.00으로 1% 유의수준에서 유의적인 것으로 나타났다. Adj R^2는 0.377로 37.7% 정도의 설명력을 보여주었다.

<표 4-11> SCM 실행변수들과 SCM 성과에 대한 회귀식 결과

SCMP = 1.025 + .310CR + .215IC − .007IMQ + .221LS + .152PP + .145ITT + .134PS

변 수	분 석				
	B	Beta	T	SigT	VIF
상 수	1.025*		1.310	.100	
최종고객관계(CR)	0.175	.310**	1.862	.035	1.962
정보공유(IC)	0.118	.215	1.141	.132	2.508
정보품질(IMQ)	−0.004	−.007	−0.039	.485	2.366
린시스템(LS)	0.194	.221*	1.582	.061	1.380
연기(PP)	0.109	.152	1.200	.119	1.130
SCM 관련 정보기술(ITT)	0.065	.145	1.161	.126	1.106
파트너십(PS)	0.157	.134	1.909	.185	1.532
Adj R² = .377 F = 4.799 Sig F = .000					

* 10% ** 5% *** 1%에서 유의적. SCMP: SCM 성과

(2) SCM 실행변수들과 공급사슬 유연성의 관계

공급사슬 유연성에 SCM 실행변수들 각각이 어떻게 영향을 미치는가 회귀분석을 실시하였다. SCM 실행변수와 공급사슬 유연성과의 관계에서 통계적으로 유의적인 변수는 '최종고객관계, 정보품질, 린시스템, SCM 관련 정보기술' 등이다. 회귀식 전체적으로는 F값은 2.689이고 유의도가 0.012로 5% 유의수준에서 유의적인 것으로 나타났다. Adj R²는 0.212로 21.2% 정도의 설명력을 보여주었다.

<표 4-12> SCM 실행변수들과 공급사슬 유연성에 대한 회귀식 결과

SCF = 1.613 + .461CR + .147IC − .333IMQ + .235LS + .044PP + .194ITT + .026PS					
변 수	분 석				
	B	Beta	T	SigT	VIF
상 수	1.613		1.321	.100	
최종고객관계(CR)	0.361	.461***	2.461	.009	1.962
정보공유(IC)	0.113	.147	.695	.245	2.508
정보품질(IMQ)	− 0.275	− .333*	− 1.618	.057	2.366
린시스템(LS)	0.286	.235*	1.496	.072	1.380
연기(PP)	− 0.044	.044	.312	.379	1.130
SCM 관련 정보기술(ITT)	− 0.120	.194*	1.375	.089	1.106
파트너십(PS)	0.041	.026	.154	.439	1.532
Adj R^2 = .212 F = 2.689 Sig F = .012					

* 10% ** 5% *** 1%에서 유의적, SCF: 공급사슬 유연성

(3) SCM 실행변수들과 공급사슬 통합의 관계

공급사슬 통합에 SCM 실행변수들 각각이 어떻게 영향을 미치는가 회귀분석을 실시하였다. SCM 실행변수와 공급사슬 통합과의 관계에서 통계적으로 유의적인 변수는 '정보공유, 정보품질, 린시스템, 연기, SCM 관련 정보기술' 등이었다. 회귀식 전체적으로는 F 값은 6.462이고 유의도가 0.00으로 1% 유의수준에서 유의적인 것으로 나타났다. Adj R^2는 0.465로 46.5% 정도의 상당히 높은 설명력을 보여주었다.

<표 4-13> SCM 실행변수들과 공급사슬 통합에 대한 회귀식 결과

SCI = − 1.141 + .196CR + .508IC − .424IMQ + .379LS + .218PP + .314ITT + .069PS					
변 수	분 석				
	B	Beta	T	SigT	VIF
상 수	− 1.141		− 1.089	.142	
최종고객관계(CR)	0.160	.196	1.270	.106	1.962
정보공유(IC)	0.404	.508***	2.907	.003	2.508
정보품질(IMQ)	− 0.364	− .424***	− 2.501	.009	2.366
린시스템(LS)	0.480	.379***	2.929	.003	1.380
연기(PP)	0.225	.218**	1.856	.035	1.130
SCM 관련 정보기술(ITT)	0.203	.314***	2.711	.005	1.106
파트너십(PP)	0.117	.069	− .507	.308	1.532
Adj R² = .465 F = 6.462 Sig F = .000**					

*10% ** 5%, ***1%에서 유의적. SCI: 공급사슬 통합

(4) SCM 실행변수들과 고객대응의 관계

고객대응과 SCM 실행변수들 각각이 어떻게 영향을 미치는가 회귀분석을 실시하였다. SCM 실행변수와 고객대응과의 관계에서 통계적으로 유의적인 변수는 없었고, 회귀식 전체적으로는 F값은 2.385이고 유의도가 0.020으로 5% 유의수준에서 통계적으로 유의적인 것으로 나타났다. Adj R²는 0.181로 18.1% 정도의 설명력을 보여주었다.

<표 4-14> SCM 실행변수들과 고객대응에 대한 회귀식 결과

변 수	분 석				
	B	Beta	T	SigT	VIF
상 수	2.716		1.866	.035	
최종고객관계(CR)	.127	.138	.724	.237	1.962
정보공유(IC)	.246	.276	1.276	.105	2.508
정보품질(IMQ)	.214	.222	1.060	.148	2.366
린시스템(LS)	−.114	−.080	−.500	.310	1.380
연기(PP)	0.030	.026	.179	.429	1.130
SCM 관련 정보기술 (ITT)	0.062	.086	.597	.277	1.106
파트너십(PS)	−0.017	−.009	−.052	.480	1.532
Adj R^2 = .181 F = 2.387 Sig F = .020					

CRP = 2.716 + .138CR + .276IC + .222IMQ − .080LS + .026PP + .086ITT − .009PS

* 10% ** 5% *** 1%에서 유의적, CRP: 고객대응

(5) SCM 실행변수들과 공급자성과의 관계

공급자성과에 SCM 실행변수들 각각이 어떻게 영향을 미치는가 회귀분석을 실시하였다. SCM 실행변수와 공급자성과와의 관계에서 통계적으로 유의적인 변수는 '최종고객관계, 정보공유, 정보품질, 린시스템, 파트너십' 등이다. 회귀식 전체적으로는 F값은 6.486이고 유의도가 0.000으로 1% 유의수준에서 유의적인 것으로 나타났다. Adj R^2는 0.466으로 46.6% 정도의 상당히 높은 설명력을 보여주었다.

<표 4-15> SCM 실행변수들과 공급자성과에 대한 회귀식 결과

SP = 0.848 + .417CR − .367IC + .291IMQ + .246LS + .151PP − .078ITT + .280PS					
변 수	분 석				
	B	Beta	T	SigT	VIF
상 수	.848		1.198	.120	
최종고객관계(CR)	0.230	.417***	2.704	.005	1.962
정보공유(IC)	−.197	−.367**	−2.102	.021	2.508
정보품질(IMQ)	.169	.291**	1.718	.047	2.366
린시스템(LS)	.211	.246**	1.901	.033	1.380
연기(PP)	.106	.151	1.293	.102	1.130
SCM 관련 정보기술(ITT)	−.034	−.078	−.671	.253	1.106
파트너십(PS)	.321	.280**	2.056	.024	1.532
Adj R² = .466 F = 6.486 Sig F = .000					

* 10% ** 5%, *** 1%에서 유의적. SP: 공급자성과

(6) SCM 실행변수들과 파트너십 품질의 관계

파트너십 품질에 SCM 실행변수들 각각이 어떻게 영향을 미치는가 회귀분석을 실시하였다. SCM 실행변수와 파트너십 품질과의 관계에서 통계적으로 유의적인 변수는 '연기, 파트너십' 등이다. 회귀식 전체적으로는 F값은 5.955이고 유의도가 0.00으로 1% 유의수준에서 유의적인 것으로 나타났다. Adj R^2는 0.228로 22.8% 정도의 설명력을 보여주었다.

<表 4-16> SCM 실행변수들과 파트너십 품질에 대한 회귀식 결과

$$PQ = 0.554 + .005CR + .083IC + .196IMQ + .183LS + .191PP - .007ITT + .238PS$$

변수	분석				
	B	Beta	T	SigT	VIF
상수	.554		.598	.301	
최종고객관계(CR)	.003	.005	.027	.495	1.962
정보공유(IC)	.055	.083	.394	.348	2.508
정보품질(IMQ)	.141	.196	.963	.171	2.366
린시스템(LS)	.194	.183	1.178	.123	1.380
연기(PP)	.165	.191*	1.357	.091	1.130
SCM 관련 정보기술 (ITT)	-0.038	-.007	-.412	.480	1.106
파트너십(PS)	.336	.238*	.938	.078	1.532
Adj R^2 = .228F = 2.857 Sig F = .009					

* 10% ** 5% *** 1%에서 유의적. PQ: 파트너십 품질

제5장 결론

본 연구의 목적은 첫 번째로 SCM 실행변수들과 SCM 성과변수들을 정의하고, SCM 실행이 SCM 성과를 실제로 반영할 수 있는가를 알아보고자 SCM 실행이 SCM 성과에 미치는 효과를 검정하는 것이었다. 두 번째로 SCM 실행과 성과 사이에 '제품별 공급사슬 적절성'과 '최고경영자 지원'의 조절역할을 검정하는 것이었다. 세 번째로 SCM 실행변수들 중 SCM 관련 정보기술과 파트너십이 선행변수로서의 역할이 있는가 검정하는 것이었다. 네 번째로 SCM 실행과 SCM 성과의 변수들 간의 관련 정도를 구체적으로 검정하는 것이었다. 이러한 연구목적을 실현하기 위해 SCM 성공사례로 꼽히는 기업들과 상장기업들을 대상으로 실시한 설문조사에서 구한 자료를 이용하여 실증분석을 실시하였다. 본 장에서는 연구의 결과를 요약하고 기존 연구에 기여하는 점을 설명하고 본 연구의 한계와 향후 연구에 시사하는 점을 밝히고자 한다.

1. 요약

경영환경이 갈수록 어려워지는 기업의 상황은 개별 기업 성과에 의존한 경쟁력보다 공급사슬 전체의 경쟁력을 요구하게 되었다. 그래서 기업들은 공급사슬상 파트너들과의 관계에 대한 협력과 정보기술 등을 통한 정보공유 등을 점차 실행함으로써 공급사슬의 가시성 확보와 관리의 방향으로 나아가고 있다. 따라서 SCM에 대한 개념을 정확히 숙지하고 있지 않는 기업에서조차 이루어지고 있다. 그래서 본 연구에서는 기업에서 이루어지고 있는 SCM 실행이 SCM 성과를 반영할 수 있는가를 검정하였다.

SCM 실행과 SCM 성과에 대한 기존 연구는 SCM 개념의 방대함으로 인해 SCM 실행과 성과변수가 충분히 반영되지 못한 단편적인 변수들만으로 연구된 한계점을 지녔다. 본 연구에서는 SCM 실행에 대한 7가지 변수(파트너관계, 최종고객관계, SCM 관련 정보기술, 정보공유, 정보품질, 린시스템, 연기 등)와 SCM 성과에 대한 5가지 변수(공급사슬 유연성, 공급사슬 통합, 고객대응력, 공급자성과, 파트너십 품질 등)를 선정하였다. 그래서 SCM의 실행과 성과를 전체적인 관점에서 보고 SCM의 실행과 성과에 대해 검정해 보았다.

그래서 SCM 실행과 SCM 성과 간의 관계를 살펴보기 위해 다섯 개의 가설을 설정하였다. 첫 번째 가설을 통해 SCM 실행과 SCM 성과 간의 관련성을 확인함으로써 SCM 실행수준이 높은 기업이 공급사슬상의 성과를 높일 수 있다는 것을 검정하였다.

두 번째와 세 번째 가설을 통해 SCM 실행과 SCM 성과 관계에서 제품과 공급사슬방향의 적절성과 최고경영자 지원이 조절역할을 하는가를 확인해 보았다. 조절역할이 있다는 것은 SCM 성과를 촉진시킬 수 있는 방법을 모색하는 것인데 SCM 성과향상에 중요한 변수로서 의미를 찾을 수 있게 된다.

네 번째와 다섯 번째 가설을 통해 SCM 실행변수들 중 SCM 관련 정보기술과 파트너십이 선행변수로서의 역할이 있는가를 검정해 보았는데, 이를 통해 SCM 실행변수들 중 먼저 고려해야 할 변수에 대해 알아보고자 하였다. 이는 SCM 실행의 많은 영역 중 선행되어야 하는 실행변수가 무엇인가를 밝히는 측면에서 중요한 의미를 갖는다.

본 연구의 연구 결과 SCM 실행수준이 높은 기업일수록 SCM 성과가 높은 것으로 나타났다. 설명력이 30.9%로 본 연구에서 이용된 SCM 실행변수가 SCM 성과를 잘 설명하는 것으로 나타났다. SCM 실행변수들과 SCM 성과변수 각각에 대한 다중회귀분결과 공급사슬통합과 공급자성과는 46% 이상의 설명력을 가진 것으로 보여 SCM 실행변수들이 이와 같은 성과변수를 잘 설명하는 것으로 밝혀졌다.

'제품과 공급사슬방향의 적절성'과 '최고경영자 지원'의 조절역할에 대해서는 두 변수 모두 조절역할이 있는 것으로 검정되었다. 이러한 결과는 SCM 실행을 통해 SCM 성과를 얻고자 할 때, 기업의 제품에 따라 공급사슬의 방향이 적절할 때와 최고경영자가 SCM에 대한 적극적인 지원과 이해가 있을 때 SCM 실행에 대해 SCM 성과를 더 크게 거두는 것으로 해석된다. SCM을 통해 성과를 거두고자 하는 기업들은 SCM에 대한 실행 자체를 충실히 하고자 노력해야 할 뿐만 아니라 공급사슬방향에 대한 고민이 선행되어야 하고 동시에 최고경영자의 이해와 지원을 얻고자 하는 노력이 병행되어야 할 것이다.

SCM 실행변수들 중 선행변수로서 'SCM 관련 정보기술'과 '파트너십'의 역할에 대해서는 두 변수 모두 선행변수로서 의미가 있는 것으로 검정되었다.

파트너십에 대한 결과는 지금까지 선행연구들과 동일한 결과로 나타났다.

SCM 관련 정보기술은 다른 SCM 실행들의 선행변수로서의 역할이 있는 것으로 검정되므로 SCM 실행에서 정보기술이 잘 갖추어지고 이용될 때 다른 SCM 실행변수들의 실행을 촉진시킬 수 있을 것으로 보인다.

SCM 실행들의 선행변수로서 조직적 기반변수와 기술적 기반변수에 대해 연구하였는데, 설명력(SCM 관련 정보기술: Adj R^2 = 0.030, 파트너십: Adj R^2 = 0.100)은 조직적 기반인 '파트너십'이 높았다. 이는 SCM 실행에 있어서 선행되어야 할 변수로 기술적인 부분도 중요하지만 조직적인 부분, 즉 조직에 대한 전략이 더 중요할 수 있음을 보여주는 결과이다.

2. 이론 및 실무에의 기여

본 연구 결과는 이론 및 실무적 측면에서 몇 가지 공헌을 하고 있다.

첫째, SCM 실행과 SCM 성과의 관계를 설명하는 데 있어서 공급사슬관리의 광범위한 개념을 포괄하는 변수를 이용한 실증연구를 통하여 통계적으로 의미 있는 결과를 얻었다. 또한 각 성과변수를 설명할 수 있는 실행변수들의 관계를 다중회귀를 통해 밝혀 봄으로써 SCM 실행과 SCM 성과에 대해 이루어질 후속 연구들에 변수들의 관계에 대한 가이드라인을 제시함으로써 적절한 변수를 이용하는 데 본 연구 결과가 도움이 될 것으로 사료된다. 이는 실제로 기업에서 공급사슬상의 원하는 성과를 높이기 위해 어떤 실행을 효과적으로 운영해야 할 것인가의 가이드가 될 수 있다. 설문을 통해 기업체 관계자들은 SCM 실행이 그에 대한 성과로 연결될 수 있는지에 대한 의문을 제기하면서 구체적으로 성과변수와 실행변수들 간의 관계에 많은 관심을 가지고 있었다. 본 연구가 실무자들이 가지고 있는 실질적인 의문에 도움을 줄 수 있을 것으로 사료된다.

둘째, 본 연구에서는 SCM 실행과 성과 간의 조절역할로 '제품과 공급사슬방향의 적절성'과 '최고경영자 지원'에 대하여 최초로 실증적으로 밝혔다는 점에서 의미가 있다고 본다. 실무에서는 기업이 취급하고 있는 제품의 특성에 맞는 공급사슬방향이 있다는 인식이 많지 않았다. 그런데 본 연구에서는 기업에서 취급하고 있는 제품과 공급사슬방향의 적절성은 공급사슬의 성과향상을 촉진시킬 수 있다고 밝혀졌다. 이러한 본 연구의 결과는 실무에서 SCM 전략 수립 시 중요한 고려사항으로 제안될 수 있을 것이다.

셋째, 본 연구에서 SCM 실행변수들의 전후 관계변수를 살펴봄으로 다른 실행변수들 간의 관계에 대해서도 미래 연구의 과제를 제시할 수 있는 계기를 마련하였다고 본다. SCM에 대한 구체적인 실행에서 SCM 관련 정보기술의 중요성을 다시 확인함으로써 SCM 솔루션이나 기타 정보기술 도입을 고려하는 기업들에 도입에 대한 확신을 제공할 수 있을 것으로 보인다. 또한 파트너십은 지금까지 여러 연구 결과들(Mamillian, 1990; Spekman, 1998; Landerros & Monzka, 1989)과 같이 다른 SCM 실행변수들의 선행역할이 있음이

다시 한 번 검정되었다.

두 변수 중에서는 SCM 관련 정보기술의 선행변수로서의 설명력(Adj R^2=3%)보다 파트너십의 설명력(Adj R^2=10%)이 더 높았다. 이는 SCM 실행 기반에 조직적 변수가 더 중요한 영향력이 있다고 해석될 수 있다. 이는 여러 연구들에서 제안하고 있는 것처럼 SCM 실행은 기술지향적 전략으로서의 접근보다 조직지향적 전략으로서 접근이 중요함을 시사하고 있다.

3. 연구의 한계

본 연구는 다음과 같은 한계를 가진다.

첫째, 설문 샘플의 한계로 인한 연구 결과의 일반화의 한계이다. SCM 개념의 방대화와 많은 업체들에 있어 SCM 개념의 생소함으로 인해 설문응답 대상 업체 선정과 회수의 어려움으로 샘플이 많지 않을 뿐 아니라 주로 대기업을 대상으로 회수되었기 때문에 설문회수가 충분하지 못했다. SCM 실행의 개념과 기업에서 SCM 관리의 필요성에 대한 인식이 얼마 되지 않았고 실행 기업들도 실행 기간이 충분히 길지 않아 더욱 어려운 점이 있었다. 그래서 본 연구의 분석 결과를 모든 기업에 일반화하기에는 무리가 있다.

둘째, SCM 관련 정보기술과 파트너십 변수와 다른 SCM 실행변수들 간의 관계에 대해 가설이 지지되기는 하였지만 설명력이 높지 않았다. 추후 연구를 통해 영향력이 더 큰 선행변수가 있는가를 밝히고자 한다.

4. 향후 연구의 시사점

본 연구의 결과 및 한계점을 토대로 미래 연구에 대한 몇 가지 방향을 제시하면 다음과 같다.

첫째, 본 연구 결과를 일반화하기 위해 대기업뿐 아니라 중소기업과 다양한 산업들을 분석에 포함시킬 필요가 있다. 이를 위해서는 SCM 실행에 대한 몇 년의 축적된 시간이 필요할 것이다.

둘째, SCM 실행에 대한 SCM 성과에 대한 연구에서 재무성과와의 관계에 대한 연구로 확장할 필요가 있다. SCM 실행이 재무성과로 나타나기까지 시간이 더 필요하기는 하지만 충분히 확장하여 연구할 만한 주제로 사료된다.

셋째, SCM 실행변수들의 선행변수들에 대해 연구를 할 필요가 있다. 본 연구에서 제안된 실행변수들 중 SCM 관련 정보기술이 SCM 실행변수들의 선행변수로서 설명력이 5% 정도였음을 볼 때 추가 연구를 통해 다른 선행변수들이 밝혀질 필요가 있다. 이는 SCM 실행의 방대함으로 인해 모든 부분에서 잘할 수 있는 것이 쉽지 않으므로 먼저 실행해야 하는 것이 무엇인가를 밝히는 것은 중요한 문제이기 때문이다.

넷째, 파트너십의 실행에 대하여 설문대상기업뿐 아니라 관계사들까지 확대하여 진정한 의미에서 파트너십 실행이 되고 있는가의 여부에 따라 SCM 실행이나 성과와의 관계를 연구할 필요가 있다. 파트너십은 SCM 실행에서 가장 중요한 변수로 고려되고 있다. 대부분 연구에서 관계사까지 연구하는 것에 대한 어려움으로 파트너십에 대한 정확한 측정이 잘되지 않고 있지만, 정확한 현상에 대한 분석을 위해 관계사들까지 파트너십을 측정할 필요가 제기된다.

참고문헌

〈국내문헌〉

강현석(2001), "e - 비즈니스 활동이 경영성과에 미치는 영향 - e - QM 과 경영성과 간의 관계를 중심으로", 경희대학교, 박사학위논문.

김남중(1999), "SCM 기능 분석을 통한 SCM 연구", 홍익대학교 국제경 영대학원, 석사학위논문.

김동한(2002), "기업경쟁력 강화의 원동력인 SCM 활용에 관한 연구", 청주대학교, 석사학위논문.

김선민·문성암·박정훈(2002), 물류관리론, 한올출판사.

김영민(2000), "한국기업의 공급체인관리 도입요인에 관한 연구", 중앙 대학교, 박사학위논문.

김재환(1996), "공급체인관리의 산업별 비교 및 기업능력과의 관계에 관한 연구", 연세대학교, 석사학위논문.

김진환(2000), "TQM 실행과 기업성과에 관한 연구", 홍익대학교, 박사 학위논문.

남호기, 인천대 동북아 e - 물류연구센터(2002), *e - SCM*, SIGMA INSI-GHT.

문성암(1999), "제품 전략에 따른 공급체인 구조 디자인에 관한 연구", 연세대학교, 박사학위논문.

박창연(2002), "ERP도입요인이 경영성과에 미치는 영향에 관한 연구", 서강대학교, 석사학위논문.

송장근(2002), "공급망관리 정보공유를 통한 전사적자원관리(ERP) 시스 템의 도입방안에 관한 연구", 충남대학교, 박사학위논문.

오문성(2002), "SCM 실천을 위한 수요형태와 협력유형에 따른 성과에 관한 연구", 연세대학교, 석사학위논문.

e - 비즈니스인력개발센터(2002), *SCM*, 한국전자거래진흥원.

이신재(2001), "SCM 도입 성공요인에 관한 연구", 경희대학교, 석사학위논문.

이학식(2001), *마케팅조사*, 법문사.

인정환(2003), "SCM에서의 정보기술의 역할연구", 경주대학교 경영대학원, 석사학위논문.

정희돈(1999), "전략적 공급사슬관리: 구조결정이론 및 수요특성과 운영성과", 한국과학기술원, 박사학위논문.

조희승(2001), "공급체인관리(SCM) 도입에 영향을 미치는 요인에 관한 연구", 한국외국어대학교, 석사학위논문.

서창적·김영택(2001), "생산정보품질의 측정 및 생산성과와의 관계에 관한 연구", 한국생산관리학회 12(2), pp.157 − 182.

성기원(2001), "기업의 SCM 성과 요인에 관한 연구", 전북대 정보과학 대학원, 석사학위논문.

이호창(2001), "SCM의 성공적 구현을 위한 주요 성공요인 분석에 관한 연구 − 국내 중공업 산업중심 − ", 연세대 경영대학원, 석사학위 논문.

한동철(2002), *공급사슬관리 SCM*, SIGMA INSIGHT.

〈외국문헌〉

Agarwal, A. and Shankar, R. (2002), "Analyzing Alternatives for Improvement in Supply Chain Performance", *Work Study*, 51(1), pp.32 − 37.

Alvarez, D. (1994), "Solving the Puzzle of Industry's Rubic Cube − effective Supply Chain Management", *Logistics Focus*, 2(4), pp.2 − 4.

Ballou, R. H., Gillbert, S. M. and Mukherjee, A. (2000), "New Managerial Challenge from Supply Chain Opportunities", *Industrial Marketing Management*, 29, pp.7 − 18.

Balsmeier, Phillip W. and Voisin, Wendell J. (1996), "Supply Chain Management: A Time − Based Strategy", *Industrial Management*, September/October, pp.24 − 271.

Barker, R. C. (1996), "Value Chain Development: an Account of Some Implementation Problems", *International Journal of Operations & Production Management*, 16(10), pp.23 – 26.

Beamon, B. M. (1999), "Measuring Supply Chain Performance", *International Journal of Operations & Production Management*, 19(3), pp.275 – 292.

Berry, D., Evans G. N., Mason – Jones R., and Towill, D. R. (1999), "The BPR SCOPE concept in leveraging improved supply chain performance", *Business Process Management Journal*, 5(3), pp.254 – 274.

Blanchard, R. (2001), "Five Steps to Better Supply Chain Performance", *Railway Age*, October, p.12.

Bommer, M., O'Neil, B. and Treat, S. (2001), "Strategic Assessment of the Supply Chain Interface: a Beverage Industry Case Study", *International Journal of Physical Distribution and Logistics Management*, 31(1), pp.11 – 25.

Bowersox, Donald J. and Daugherty, Patricia J. (1995), "Logistics Paradigms: The Impact of Information Technology", *Journal of Business Logistics*, Vol.16, NO.1, pp.65 – 80.

Brewer, P. C. (2000), "Using the Balanced Scorecard to Measure Supply Chain Performance", *Journal of Business Logistics*, 21(1), pp.75 – 93.

Burgess, Rachel. (1998), "Avoiding Supply Chain Management Failure: Lessons from Business Process Re – engineering", *The International Journal of Logistics Management*, 9(1), pp.15 – 23.

Chan, Felix T. S., Tang Nelson, K. H., Lau, H. C. W. and Ip, R.W.L, (2002), "A simulation approach in supply chain management", *Integrated Manufacturing Systems*, 13(2), pp.117 – 122.

Chandra, Charu and Kumar, Sameer, (2001), "Taxonomy of inventory policies for supply – chain effectiveness", *International Journal of Retail & Distribution Management*, 29(4), pp.164 – 175.

Chizzo, Scott A. (1998), "Supply Chain Strategies" *Supply Chain Management*, pp.4 – 10.

Clark, T. H. and Lee, H. G. (2000), "Performance, Interdependence and Coordination in Business – to – Business Electronic Commerce and Supply Chain Management", *Information Technology and Management*, 1, pp.85 – 105.

Claycomb, Cindy. and Droge, Cornelia. and Germain, Richard. (1999), "The Effect of Just – in Time With Customers On Organizational Design and Performance", *The Internationl Journal of Logistics Management*, 10(1), pp.37 – 57.

Cox, A.(1996), "Relational Competence and Strategic Procurement Management", *European Journal of Purchasing and Supply Management*, 2(1), pp.57 – 70.

Daugherty, P. J., Ellinger, A. E. and Gustin, C. M. (1996), "Integrated Logistics: Achieving Logistics Performance Improvement", *Supply Chain Management*, 1(3), pp.25 – 33.

Derocher, Robert P; Kilpatrick, Jim(2002), "Six Supply Chain Lessons for the Millenium", Supply Chain Management Review, Winter.

De Toni, A., Nassimbeni, G. and Tonchia, S. (1994), "New Trends in the Supply Environment", *Logistics Information Management*, 7(4), pp.41 – 50.

Dong Yan, Carter R. Craig, Dresner, Martin E.(2001), "JIT purchasing and performance: an exploratory analysis of buyer and supplier perspectives", *Journal of Operations Management*, 19, pp.471 – 483.

Dyer, J. H., Cho, D. S., and Chu, W. (1998), "Strategic Supplier Segmentation: the Next 'Best Practice' in Supply Chain Management", *California Management Review*, 40(2), pp.57 – 77.

Edward J. Marien(2000), "The Four Supply Chain Enablers", *Supply Chain Management Review*, March/April.

Ellram, L. (1994), "A Taxonomy of Total Cost of Ownership Models", *Journal of Business Logistics*, 15(1), pp.171 – 191.

Farley, G. A., (1997), "Discovering Supply Chain Management: a Roundtable Discussion", *APCIS — the Performance Advantage*, 7(1), pp.38 — 39.

Fisher, M. L., (1997), "What is the right supply chain for your product?: a simple framework can help you figure out the answer", *Harvard Business Review*, March — April, pp.105 — 116.

Fortuin, L. (1988), "Performance Indicators — Why, Where and How?", *European Journal of Operational Research*, 34, pp.1 — 9.

Forza, Cipriano, (1996), "Achieving superior operating performance from integrated pipeline management: an empirical study", *International Journal of Physical Distribution & Logistics Management*, 26(9), pp.36 — 63.

Gentry, Julie. J. (1995), "Role of Carriers in Buyer/Supplier Strategic Alliances", *CAPS*.

Gilmour, P. (1998), "Benchmarking Supply Chain Operations", *Benchmarking for Quality Management & Technology*, 5(4), pp.283 — 290.

Gilmour, P. (1999), "A Strategic Audit Framework to Improve Supply Chain Performance", *Journal of Business & Industrial Marketing*, 14(5/6), pp.355 — 363.

Groves Gwyn and Valsamakis Vassilios(1998), "Supplier — Customer Relationships and company performance", *The International Journal of Logistics management,* 9(2), pp.51 — 64.

Gunasekaran, A., Patel, C. and Tirtiroglu, E. (2001) "Performance Measures and Metrics in a Supply Chain Environment", *International Journal of Operations & Production Management*, 21(1/2), pp.71 — 87.

Handfield, Robert B. (1994), "US Global Sourcing: Patterns of Development", International Journal of Operations & Production Management, 14(6), pp.40 — 51.

Handfield, R. B and Nichols, E. L., Jr (1999), Introduction to Supply

Chain Management, Prentice Hall, Upper Saddler River, New Jersey.

Hines, Peter., Rich, Nick., Bicheno, John., Brunt, David., Taylor, David., Butterworth, Chris. and Sullivan, James. (1998), "Value Stream Management", *International Journal of Logistics Management*, 9(1), pp.25 – 42.

Holmberg, Stefan. (2000), "A Systems Perspective On Supply Chain Measurements" *International Journal of Physical Distribution & Logistics Management*, 30(10), pp.847 – 868.

Jarrell, J. L. (1998), "Supply Chain Economics", *World Trade,* 11(11), pp.58 – 61.

Johnson, M. E. and Davis, T. (1998), "Improving Supply Chain Performance by Using Order Fulfillment Metrics", *National Productivity Review*, 17(3), pp.3 – 16.

Jones, T. C. and Riley, D. W. (1985), "Using Inventory for Competitive Advantage through Supply Chain Management", *International Journal of Physical Distribution and Materials Management*, 15(5), pp.16 – 26.

Kiefer, Allen W. and Novack, Rovert A. (1999), "An Empirical Analysis of Warehouse Measurement Systems in the Context of Supply Chain Implementation" *Transportation Journal*, 38(3), pp.18 – 27.

Klein, K. K., Faminow, M. D., Walburger, A. M., Larue, B., Romain, R. and Foster, K. (1996), "An Evaluation of Supply Chain Performance in the Canadian Pork Sector", *Supply Chain Management*, 1(3), pp.12 – 24.

Kotzab, H. (1999), "Improving Supply Chain Performance by Efficient Consumer Response? A Critical Comparison of Existing ECR Approaches", *Journal of Business & Industrial Marketing*, 14(5/6), pp.364 – 377.

Lai, Kee – Hung, Ngai, E.W.T, Cheng, T.C.E, (2002), "Measures for evaluating supply chain performance in transport logistics",

Transportation Research Part E, Article In Press.

Lalonde, B. J. (1998), "Building a Supply Chain Relationship", *Supply Chain Management Review*, **2(2)**, pp.7 – 8.

Lamming, R. (1993), Beyond Partnership: Strategies for Innovation and Lean Supply, Prentice – Hall, New York.

Lancioni, Richard A. and Smith, Michael F. and Oliva, Terence A. (2000), "The Role of The Internet In Supply Chain Management", *Industrial Marketing Management,* 29, pp.45 – 56.

Lattimore, O. (2001), "Electronic Commerce Tools That Address Supply Chain Performance", *Logistics Spectrum*, October – December, pp.11 – 12.

Lee, H. L. and Billington, C. (1995), "Managing Supply Chain Inventory: Pitfalls and Opportunities", *Sloan Management Review*, Spring, pp.65 – 73.

Lee, H. L., Padmanabhan, V., Whang, S. (1997), "Information Distortion in a Supply Chain: The Bullwhip Effect", *Management Science*, 43(4), pp.546 – 558.

Li, Suhong.(2002), An Integrated Model for Supply Chain Management Practice, Performance and Competitive Advantage, The University of Toledo, Dissertation.

Mason – Jones, R. and Towill, D. R. (1999), "Using the Information Decoupling Point to Improve Supply Chain Performance", *The International Journal of Logistics Management*, **10(2)**, pp.13 – 26.

McAdam, Rodney. and McCormack, Daniel. (2001), "Integrating Business Processes For Global Alignment and Supply Chain Management", *Business Process Management Journal*. 7(2). pp.113 – 130.

McIvor, R. (2001), "Lean Supply: the Design and Cost Reduction Dimensions", *European Journal of Purchasing and Supply Chain Management*, 7, pp.227 – 242.

Mentzer, John T., Min, SoonHong. and Zacharia, Zach G. (2000), "The Nature of Interfirm Partnering in Supply Chain Management",

Journal of Retailing, 76(4), pp.549 − 568.

Metters, R. (1997), "Quantifying the Bullwhip Effect in Supply Chains", *Journal of Operations Management,* 15, pp.89 − 100.

Milgate, M. (2001), "Supply Chain Complexity and Delivery Performance: An International Exploratory Study", *Supply Chain Management An International Journal,* 6(3), pp.106 − 118.

Marshall L. Fisher (1997), "What is the Right Supply Cain for Your Product?", *Harvard Business Review,* March − April, pp.105 − 116.

Monczka, Robert M. and Morgan, Jim. (1998), "Questions You Need to Ask about Your Supply Chain", *Purchasing,* MAY 21, pp.42 − 47.

Monczka, Robert M., Petersen Kenneth J. and Handfield, Robert B. (1998), "Success Factors in Strategic Supplier Alliances: The Buying Company Perspective", *Decision Sciences,* 29(3), pp.553 − 577.

Narasimhan, Ram. and Jayaram, Jayaram. (1998), "Causal Linkages In Supply Chain Management: An Exploratory Study of North American Manufacturing Firms", *Decision Sciences,* 29(3), pp.579 − 605.

Neely, A., Mills, J., Platts, L., Gregory, M. and Richards, H. (1996), "Performance Measurement System Design: Should Process Based Approaches Be Adopted?", *International Journal of Production Economics,* 46 − 47, pp.423 − 431.

Neuman, John and Samuels Christoper, (1996), "Supply Chain Integration: vision or reality?", *Supply Chain Management,* 1(2), pp.7 − 10.

New, S. J. (1996), "A Framework for Analysing Supply Chain Improvement", *International Journal of Operations & Production Management,* 16(4), pp.19 − 34.

Noble, D. (1997), "Purchasing and Supplier Management as a Future Competitive Edge", *Logistics Focus,* 5(5), pp.23 − 27.

Owens, G. and Richmond, B. (1995), "Best Practices in Retailing: How to Reinvent Your Supply Chain: What Works, What doesn't", *Chain Store Age*, 71(11), pp.96 − 98.

Petrovic, Dobrila, (2001), "Simulation of supply chain behaviour and performance in an uncertain environment", *International of production economics*, 71, pp.429 − 438.

Pittiglio, Rabin, Todd, and McGrath (1994), Integrated Supply Chain Performance Measurement: A Multi − Industry Consortium Recommendation, Westin Ma.

Power, Damien J. and Sohal, Amrik S., (2001), "Critical success factors in agile supply chain management: An empirical study", *International Journal of Physical Distribution & Logistics Management*, 31(4), pp.247 − 265.

Rhonda R. Lummus, Karen Alber, Robert J. Vokurla(2000), "Self − Assessment: A Foundation for Supply Chain Success", *Supply Chain Management Review*, July/August.

Salvador, Fabrizio and Forza, Cipriano, (2001), "Supply chain interactions and time − related performance", *International Journal of Operation & Production Management*, 21(4), pp.461 − 475.

Scott, C. and Westbrook, R. (1991), "New Strategic Tools for Supply Chain Management", *International Journal of Physical Distribution and Logical Management*, 21(1), pp.23 − 33.

Sheridan, John H. (1998), "The Supply Chain Paradox" *Managing The Intermetworked Corporation*, pp.22 − 28.

Shin, H., Collier, D. A. and Wilson, D. D. (2000), "Supply Management Orientation and Supplier/Buyer Performance", *Journal of Operations Management*, 18, pp.317 − 333.

Simpson, P. M., Siguaw, L. A. and White, S. C. (2002), "Measuring the Performance of Suppliers: An Analysis of Evaluation Processes", *The Journal of Supply Chain Management*, Winter, pp.29 − 41.

Spekman Robert E., John W. Kamauff Jr and Niklas Myhr, "An empirical investigation into supply chain management: a perspective on partnerships", *Supply Chain management: An International Journal*, 3(2), 1998, pp.53 – 67.

Stein, T. and Sweat, J. (1998), "Killer Supply Chains", *Information week*, 708(9), pp.36 – 46.

Stevens, G. C., (1990) "Successful Supply – Chain Management", *Management Decision*, 28(8), pp.25 – 30.

Stewart, G. (1997), "Supply – chain Operations Reference Model (SCOR): The First Cross – industry Framework for Integrated Supply – chain Management", *Logistics Information Management*, 10(2), pp.62 – 67.

Stewart, Gordon,(1995), "Supply chain performance benchmarking study reveals keys to supply chain excellence", *Logistics Information Management*, 8(2), pp.38 – 44.

Swamy, R. (2002), "Strategic Performance Measurement in the New Millennium", *CMA Management*, May, pp.44 – 47.

Tan, K. C. (2002), "Supply Chain Management: Practices, Concerns, and Performance Issues", *The Journal of Supply Chain Management*, Winter, pp.42 – 53.

Tan, K. C., Kannan, V. R., Handfield, R. B. and Ghosh, S. (1999), "Supply Chain Management: An Empirical Study of Its Impact on Performance", *International Journal of Operations & Production Management*, 19(10), pp.1034 – 1052.

Tan, K. C., Kannan, V. R., Handfield, R. B. and Ghosh, S. (1999), "Supply Chain Management: An Empirical Study of Its Impact on Performance", *International Journal of Operations & Production Management*, 19(10), pp.1034 – 1052.

Tan, Keah Choon. and Lyman, Steven B. and Wisner, Joel D. (2002), "Supply Chain Management: A Strategic Perspective" *International Journal of Operations & Production Management,* 22(6), pp.614 – 631.

Taylor, D. H. (1999), "Supply Chain Improvement: the Lean Approach", *Logistics Focus*, Jan/Feb, pp.14 – 20.

Thomas, D. J. and Griffin, P. M. (1996), "Coordinated Supply Chain Management", *European Journal of Operational Research*, 94, pp.1 − 15.

Thonemann, Ulrich W., Bradley, James R., "The effect of product variety on supply − chain performance", *European Journal of Operation Research*, Article In Press.

Tompkins, James A. (1998). "Time To Rise Above Supply Chain Management" *Supply Chain Flow Supplement*, October, pp.16 − 18.

Tompkins, J. and Ang, D. (1999), "What are Your Greatest Challenges Related to Supply Chain Performance Measurement?", *IIE Solutions*, 31(6), p.66.

Towill, D. R. (1996), "Time Compression and Supply Chain Management − A Guided Tour", *Logistics Information Management*, 9(6), pp.41 − 53.

Van Hoek, R. I. (1998), "'Measuring the Unmeasurable' − Measuring and Improving Performance in the Supply Chain", *Supply Chain Management*, 3(4), pp.187 − 192.

Van Hoek, R. I. (2001), "The Contribution of Performance Measurement to the Expansion of Third Party Logistics Alliances in the Supply Chain", *International Journal of Operations & Production Management*, 21(1/2), pp.15 − 29.

Vickery, S., Calantone, R. and Droge, C., (1999a), "Supply Chain Flexibility: an Empirical Study", *The Journal of Supply Chain Management*, 35(3), pp.16 − 24.

Vickery, S., Droge, C. and Germain, R. (1999b), "The Relationship between Product Customization and Organizational Structure", *International Journal of Operations Management*, 17(4), pp.377 − 391.

Villa, Agostino, (2001), "Introducing some supply chain management problems", *International Journal of Production Economics*, 73, pp.1 − 4.

Vokurka, Robert J. and Lummus, Rhonda R. (2000), "The Role of Just − In − Time in Supply Chain Managent", *The International Journal of Logistics Management*, 11(1), pp.89 − 98.

Yu, Zhenxin., Yan, Hong. and Cheng, T. C. Edwin. (2001), "Benefits of Information Sharing with Supply Chain Partnerships", *Industrial Management & Data Systems*, 101(3), pp.114 − 119.

Waller, M. A., Dabholkar, P. A., and Gentry, J. J. (2000), "Postponement, Product Customization, and Market − oriented Supply Chain Management", *Journal of Business Logistics*, 21(2), pp.133 − 159.

Wines, L. (1996), "High Order Strategy for Manufacturing", *The Journal of Business Strategy*, 17(4), pp.32 − 33.

Womack, J. and Jones, D. (1996), Lean Thinking, New York, Simon and Schuster.

Zhao, X., Xie, J. and Zhang, W. J. (2002), "The Impact of Information Sharing and Ordering Co − ordination on Supply Chain Performance", *Supply Chain Management An International Journal*, 7(1), pp.24 − 40.

<h1 style="text-align:center">< 설 문 지 ></h1>

※ 설문에 대한 응답은 문항에 특별한 언급이 없는 한 작년(2003년) 한 해 동안 어떠했는지 돌이켜 보시고 응답해 주시기 바랍니다.

※ 다음 설문응답은 귀사가 공급하고 있는 많은 제품 중에서 가장 비중이 큰 단일 제품/제품군에 대해 답을 해 주시면 감사하겠습니다.

※ 질문에 대한 응답은 긍정적일수록 높은 번호에 답해 주시기 바랍니다.

Ⅰ. 다음은 귀사의 SCM 실행에 대한 질문입니다. 질문에 대한 귀사의 상황을 응답해 주시기 바랍니다.

(아래의 SCM 실행요인들(고딕체)에 대해 SCM 실행에 중요하다고 생각되는 정도를 10점 만점으로 평가해 주세요.)

1. 파트너관계 실행

(1) 구매사와의 파트너관계 실행－－－－－(10점 만점 中   점)

		전혀 그렇지 않다					매우 그렇다	
1	귀사의 구매사는 귀사가 주는 정보에 대해 믿는다.	①	②	③	④	⑤	⑥	⑦
2	귀사의 구매사는 과거에 귀사를 위해 희생했다.	①	②	③	④	⑤	⑥	⑦
3	귀사의 구매사는 약속이나 계약을 잘 지킨다.	①	②	③	④	⑤	⑥	⑦
4	귀사의 구매사는 귀사와 위험을 공유하고자 한다.	①	②	③	④	⑤	⑥	⑦
5	귀사는 구매사가 주는 정보를 믿는다.	①	②	③	④	⑤	⑥	⑦
6	귀사의 구매사는 귀사의 공정기술 개선에 대해 관여하고 있다.	①	②	③	④	⑤	⑥	⑦
7	귀사는 구매사와 장기관계를 맺을 것이라고 기대하고 있다.	①	②	③	④	⑤	⑥	⑦
8	귀사의 구매사는 공급사슬관리 차원에서 협력의 중요성을 고려하고 있다.	①	②	③	④	⑤	⑥	⑦

(2) 공급사와의 파트너관계 실행 － － － － －(10점 만점 中　　점)

		전혀 그렇지 않다						매우 그렇다
1	귀사의 공급사는 귀사가 주는 정보에 대해 믿는다.	①	②	③	④	⑤	⑥	⑦
2	귀사의 공급사는 과거에 귀사를 위해 희생했다.	①	②	③	④	⑤	⑥	⑦
3	귀사의 공급사는 예외 없이 귀사를 도와주고자 한다.	①	②	③	④	⑤	⑥	⑦
4	귀사의 공급사는 약속이나 계약을 잘 지킨다.	①	②	③	④	⑤	⑥	⑦
5	귀사의 공급사는 귀사와 위험을 공유하고자 한다.	①	②	③	④	⑤	⑥	⑦
6	귀사는 공급사가 주는 정보를 믿는다.	①	②	③	④	⑤	⑥	⑦
7	귀사의 공급사는 귀사의 공정기술 개선에 대해 관여하고 있다.	①	②	③	④	⑤	⑥	⑦
8	귀사는 공급사와 장기관계를 맺을 것이라고 기대하고 있다.	①	②	③	④	⑤	⑥	⑦
9	귀사의 공급사는 공급사슬관리 차원에서 협력의 중요성을 고려하고 있다.	①	②	③	④	⑤	⑥	⑦

(3) 운송업자와 파트너십 실행 － － － － － －(10점 만점 中　　점)

		전혀 그렇지 않다						매우 그렇다
1	귀사는 소수의 믿을 만한 운송업자에 의존하다.	①	②	③	④	⑤	⑥	⑦
2	귀사는 운송업자와 장기 계약 중이다.	①	②	③	④	⑤	⑥	⑦
3	운송업자가 귀사의 생산계획을 알 수 있다.	①	②	③	④	⑤	⑥	⑦
4	운송업자가 귀사의 총 수송비를 절감하는 문제에 대해 노력하고 있다.	①	②	③	④	⑤	⑥	⑦
5	운송업자의 서비스에 대해 귀사는 지속적으로 평가하고 있다.	①	②	③	④	⑤	⑥	⑦
6	운송업자는 귀사의 특별요청/스케줄 변경 등에 잘 대응해 주고 있다.	①	②	③	④	⑤	⑥	⑦
7	운송업자는 정보시스템을 통해 귀사와 연결되어 있다.	①	②	③	④	⑤	⑥	⑦

2. 고객관계 실행 ＿ ＿ ＿ ＿ ＿ ＿ ＿ ＿ ＿ ＿ ＿ ＿(10점 만점 中　　점)

<table>
<tr><td></td><td></td><td colspan="7">전혀 그렇지
않다　　　　　　　　　　　매우
　　　　　　　　　　　　　그렇다</td></tr>
<tr><td>1</td><td>귀사는 고객의 평가기준을 세우기 위해 고객과 자주 교류한다.</td><td>①</td><td>②</td><td>③</td><td>④</td><td>⑤</td><td>⑥</td><td>⑦</td></tr>
<tr><td>2</td><td>귀사는 품질/서비스 피드백을 위해 고객을 follow－up한다.</td><td>①</td><td>②</td><td>③</td><td>④</td><td>⑤</td><td>⑥</td><td>⑦</td></tr>
<tr><td>3</td><td>귀사는 고객만족 여부를 자주 측정하고 평가한다.</td><td>①</td><td>②</td><td>③</td><td>④</td><td>⑤</td><td>⑥</td><td>⑦</td></tr>
<tr><td>4</td><td>귀사는 미래고객기대를 자주 예측한다.</td><td>①</td><td>②</td><td>③</td><td>④</td><td>⑤</td><td>⑥</td><td>⑦</td></tr>
</table>

3. 정보공유 ＿ ＿ ＿ ＿ ＿ ＿ ＿ ＿ ＿ ＿ ＿ ＿ ＿(10점 만점 中　　점)

<table>
<tr><td></td><td></td><td colspan="7">전혀 그렇지
않다　　　　　　　　　　　매우
　　　　　　　　　　　　　그렇다</td></tr>
<tr><td>1</td><td>귀사와 거래사들은 서로에 영향을 주는 사건과 변화에 대해 서로 정보를 준다.</td><td>①</td><td>②</td><td>③</td><td>④</td><td>⑤</td><td>⑥</td><td>⑦</td></tr>
<tr><td>2</td><td>귀사는 거래사들과 고객에 대한 세부정보를 공유한다.</td><td>①</td><td>②</td><td>③</td><td>④</td><td>⑤</td><td>⑥</td><td>⑦</td></tr>
</table>

4. 정보품질 ＿ ＿ ＿ ＿ ＿ ＿ ＿ ＿ ＿ ＿ ＿ ＿ ＿(10점 만점 中　　점)

<table>
<tr><td></td><td></td><td colspan="7">전혀 그렇지
않다　　　　　　　　　　　매우
　　　　　　　　　　　　　그렇다</td></tr>
<tr><td>1</td><td>귀사와 거래사들의 정보교환은 정확하다.</td><td>①</td><td>②</td><td>③</td><td>④</td><td>⑤</td><td>⑥</td><td>⑦</td></tr>
<tr><td>2</td><td>귀사와 거래사들의 정보교환은 안전하다.</td><td>①</td><td>②</td><td>③</td><td>④</td><td>⑤</td><td>⑥</td><td>⑦</td></tr>
<tr><td>3</td><td>귀사와 거래사들의 정보교환은 충분하다.</td><td>①</td><td>②</td><td>③</td><td>④</td><td>⑤</td><td>⑥</td><td>⑦</td></tr>
<tr><td>4</td><td>귀사와 거래사들의 정보교환은 신뢰할 만하다.</td><td>①</td><td>②</td><td>③</td><td>④</td><td>⑤</td><td>⑥</td><td>⑦</td></tr>
<tr><td>5</td><td>귀사와 거래사들의 정보교환은 적시에 한다.</td><td>①</td><td>②</td><td>③</td><td>④</td><td>⑤</td><td>⑥</td><td>⑦</td></tr>
<tr><td>6</td><td>귀사와 거래사들의 정보교환을 위한 접근이 용이하다.</td><td>①</td><td>②</td><td>③</td><td>④</td><td>⑤</td><td>⑥</td><td>⑦</td></tr>
</table>

5. SCM 관련 IT기술 ＿ ＿ ＿ ＿ ＿ ＿ ＿ ＿ ＿ ＿(10점 만점 中　　점)

귀사에서 SCM 실행을 위해 다음의 IT기술을 어느 정도 이용하고 있는지 표시해 주세요.

(1. 전혀 이용하지 않음, 2. 가끔 이용함, 3. 이용함, 4. 종종 이용함, 5. 자주 이용함, 6. 많이 이용함, 7. 아주 많이 이용함)

EDI______, EFT______, Internet______, Intranet______, Extranet______, MRP______, MRPII______, DRP______, ERP______, CRM______, SRM______,VMI______, DW______, SCM Software______

6. 린시스템 ─ ─ ─ ─ ─ ─ ─ ─ ─ ─ ─ ─ ─ ─ ─ ─(10점 만점 中   점)

		전혀 그렇지 않다					매우 그렇다
1	귀사는 셋업시간을 줄이는 노력을 한다.	① ② ③ ④ ⑤ ⑥ ⑦
2	귀사는 지속적인 품질 향상 프로그램을 가지고 있다.	① ② ③ ④ ⑤ ⑥ ⑦
3	귀사는 'Pull' 생산시스템을 이용한다.	① ② ③ ④ ⑤ ⑥ ⑦
4	귀사는 리드타임 단축을 위해 공급자를 압박한다.	① ② ③ ④ ⑤ ⑥ ⑦
5	귀사는 공급자로부터 받는 서류와 주문을 간소화하였다.	① ② ③ ④ ⑤ ⑥ ⑦
6	공급자의 창고/공장은 귀사의 근처에 있다.	① ② ③ ④ ⑤ ⑥ ⑦
7	귀사는 공급자에게 적은 양으로 자주 주문한다.	① ② ③ ④ ⑤ ⑥ ⑦
8	들여오는 자재/부품/제품의 검사를 줄이고 있다.	① ② ③ ④ ⑤ ⑥ ⑦

7. 연기(postponement) ─ ─ ─ ─ ─ ─ ─ ─ ─(10점 만점 中   점)

		전혀 그렇지 않다					매우 그렇다
1	제품은 모듈러조립을 위해 디자인된다.	① ② ③ ④ ⑤ ⑥ ⑦
2	귀사의 생산프로세스 모듈은 유통센터에서 실행된 고객화로 인해 재배치될 수 있다.	① ② ③ ④ ⑤ ⑥ ⑦
3	귀사는 고객주문을 실제로 받을 때까지 최종제품 조립활동을 연기한다.	① ② ③ ④ ⑤ ⑥ ⑦
4	귀사는 고객주문이 있을 때까지 원재료 주문을 연기한다.	① ② ③ ④ ⑤ ⑥ ⑦
5	귀사의 제품은 공급사슬 내에서 고객에게 가장 가까운 유통포인트에 저장된다.	① ② ③ ④ ⑤ ⑥ ⑦

8. 최고경영자의 지원

<table>
<tr><td></td><td></td><td>전혀 그렇지
않다</td><td></td><td></td><td></td><td>매우
그렇다</td></tr>
<tr><td>1</td><td>귀사의 최고경영자는 귀사의 거래파트너와의 관계에 관심이 있다.</td><td colspan="5">① ② ③ ④ ⑤ ⑥ ⑦</td></tr>
<tr><td>2</td><td>귀사의 최고경영자는 SCM을 매우 중요한 전략으로 생각한다.</td><td colspan="5">① ② ③ ④ ⑤ ⑥ ⑦</td></tr>
<tr><td>3</td><td>귀사의 최고경영자는 SCM 시스템에 대해 이해하고 있다.</td><td colspan="5">① ② ③ ④ ⑤ ⑥ ⑦</td></tr>
<tr><td>4</td><td>귀사의 최고경영자는 SCM 시스템 도입을 적극 권장하였다.</td><td colspan="5">① ② ③ ④ ⑤ ⑥ ⑦</td></tr>
<tr><td>5</td><td>귀사의 최고경영자는 SCM 시스템에 대한 지원을 아끼지 않는다.</td><td colspan="5">① ② ③ ④ ⑤ ⑥ ⑦</td></tr>
</table>

II. 귀사의 SCM 성과에 대한 질문입니다.

(아래의 SCM 성과요인들(고딕체)에 대해 SCM 성과에 중요하다고 생각되는 정도를 10점 만점으로 평가해 주세요.)

1. SC 유연성 - - - - - - - - - - - - - - -(10점 만점 中   점)

<table>
<tr><td></td><td></td><td>전혀 그렇
지
않다</td><td></td><td></td><td>매우
그렇다</td></tr>
<tr><td>1</td><td>귀사가 속한 공급사슬은 다양한 모양 옵션, 사이즈, 색깔의 제품을 생산할 수 있다.</td><td colspan="4">① ② ③ ④ ⑤ ⑥ ⑦</td></tr>
<tr><td>2</td><td>귀사가 속한 공급사슬은 고객수요의 변동에 따라 제품을 추가 생산하거나 줄일 수 있다.</td><td colspan="4">① ② ③ ④ ⑤ ⑥ ⑦</td></tr>
<tr><td>3</td><td>귀사가 속한 공급사슬은 제품개선/변동이 많을 때 빠르게 수용할 수 있다.</td><td colspan="4">① ② ③ ④ ⑤ ⑥ ⑦</td></tr>
<tr><td>4</td><td>귀사가 속한 공급사슬은 신제품 도입을 빠르게 추진할 수 있다.</td><td colspan="4">① ② ③ ④ ⑤ ⑥ ⑦</td></tr>
</table>

2. SC 통합 − − − − − − − − − − − − − −(10점 만점 中   점)

		전혀 그렇 지 않다					매우 그렇다
1	귀사는 모든 기능부서들 간의 조정과 의사소통이 잘되고 있다.	① ② ③ ④ ⑤ ⑥ ⑦
2	프로세스 디자인과 향상에 다기능팀을 자주 이용한다.	① ② ③ ④ ⑤ ⑥ ⑦
3	정보시스템 통합수준이 높다.	① ② ③ ④ ⑤ ⑥ ⑦
4	귀사의 공급체인은 공급자의 공급자에서 고객의 고객까지 전체적인 가시성이 높다.	① ② ③ ④ ⑤ ⑥ ⑦

3. 고객대응력 − − − − − − − − − − − − −(10점 만점 中   점)

		전혀 그렇지 않다					매우 그렇다
1	귀사는 고객의 주문을 제시간에 이행한다.	① ② ③ ④ ⑤ ⑥ ⑦
2	귀사는 주문에서 배달까지 사이클 타임이 짧다.	① ② ③ ④ ⑤ ⑥ ⑦
3	귀사는 고객대응시간이 빠르다.	① ② ③ ④ ⑤ ⑥ ⑦

4. 공급자성과 − − − − −(10점 만점 中   점)

		전혀 그렇지 않다					매우 그렇다
1	귀사의 공급자는 제시간에 자재/부품/제품을 배달한다.	① ② ③ ④ ⑤ ⑥ ⑦
2	귀사의 공급자가 제공하는 자재/부품/제품은 품질이 높다.	① ② ③ ④ ⑤ ⑥ ⑦
3	귀사의 공급자가 제공하는 자재/부품/제품은 가격이 저렴하다.	① ② ③ ④ ⑤ ⑥ ⑦
4	귀사가 지난 3년 동안 거래한 공급자기반은 줄었다.	① ② ③ ④ ⑤ ⑥ ⑦

5. 파트너십 품질 − − − − − − − − − − − − − − −(10점 만점 中   점)

전혀 그렇지   매우
않다   그렇다

1	귀사는 파트너와 파트너십을 종료하고 새로운 파트너와 관계를 세우기 원치 않는다.	① ② ③ ④ ⑤ ⑥ ⑦
2	귀사는 거래파트너와의 관계기 수익성이 있다고 믿는나.	① ② ③ ④ ⑤ ⑥ ⑦
3	귀사는 거래파트너와 공급사슬에서 발생하는 위험을 공유한다.	① ② ③ ④ ⑤ ⑥ ⑦
4	귀사는 공급사슬관리를 통해 얻는 유익을 거래파트너와 공유한다.	① ② ③ ④ ⑤ ⑥ ⑦

Ⅲ. 아래의 질문에서 귀사의 공급사슬관리 방향이 (가)에 가까울수록 ①번에 (나)에 가까울수록 ⑦번에 표시해 주세요.

전혀 그렇지   매우
않다   그렇다

	(가)	(나)	
1	높은 평균가동률을 유지하고자 한다.	잉여생산능력을 충분히 확보하고자 한다.	① ② ③ ④ ⑤ ⑥ ⑦
2	공급사슬 전체의 보유재고 최소화와 높은 재고 회전율을 유지하고자 한다.	재고 최소화보다는 충분한 잉여 부품재고 또는 완제품을 보유하고자 한다.	① ② ③ ④ ⑤ ⑥ ⑦
3	비용이 증가하지 않는 범위 내에서 납기를 줄이고자 한다.	리드타임(납기)을 감소시키기 위해서는 비용부담이 있더라도 적극적인 투자를 한다.	① ② ③ ④ ⑤ ⑥ ⑦
4	가격과 품질에 의해 공급자를 선정한다.	가격보다는 신속성. 신축성. 품질에 의해 공급자를 선정한다.	① ② ③ ④ ⑤ ⑥ ⑦
5	제품설계 시 제품생산 시의 비용 최소화에 중점을 둔다.	제품설계 시 비용보다는 제품 차별화를 위한 설계방법을 고안하는 데 중점을 둔다.	① ② ③ ④ ⑤ ⑥ ⑦

[(가)는 비용측면이 강조된 효율적 공급사슬구조에 대한 항목이고,(나)는 제품 차별화와 급격한 수요변동에 대한 유연성을 강조하는 반응적 공급사슬에 대한 항목입니다. 귀사의 SCM 방향이 비용측면이 강조되신다면 ①에 근접한 답을 해 주시고 수요변동에 대한 유연성 측면이 강조되신다면 ⑦에 근접한 답을 해 주시면 됩니다.]

Ⅳ. 제품의 종류

		전혀 그렇지 않다				매우 그렇다

1 귀사가 고객에게 제공하는 제품의 수요는 안정적이다. ① ② ③ ④ ⑤ ⑥ ⑦
2 귀사가 고객에게 제공하는 제품의 수요는 예측가능하다. ① ② ③ ④ ⑤ ⑥ ⑦
3 귀사가 고객에게 제공하는 제품의 수명은 장기적(2년 이상)이다. ① ② ③ ④ ⑤ ⑥ ⑦
4 귀사가 고객에게 제공하는 제품은 다양하다. ① ② ③ ④ ⑤ ⑥ ⑦
5 귀사가 고객에게 제공하는 제품의 비수기 가격인하율은 높다. ① ② ③ ④ ⑤ ⑥ ⑦
6 타 산업에 비해 제품과 서비스의 경쟁환경이 매우 심하다. ① ② ③ ④ ⑤ ⑥ ⑦

Ⅴ. 다음은 개인 및 귀사의 일반현황에 대한 질문입니다.

1. 귀사의 회사명과 상장 여부를 알려주세요＿＿＿＿＿＿＿＿＿＿

2. 귀사의 업종은 무엇입니까?(　　　　)

　① 화학·석유·플라스틱　　② 금속소재

　③ 조립금속제품　　　　　④ 철강·비철금속

　⑤ 전기기계·기구　　　　⑥ 자동차·운송장비

　⑦ 조선·기계·장비·정밀기계　⑧ 제약

　⑨ 섬유·피혁·모피·신발　⑩ 종이·펄프

　⑪ 전자·통신장비　　　　⑫ 음식료품

　⑬ 의료정밀　　　　　　　⑭ 가구 및 사무용품

　⑮ 기타 ＿＿＿＿＿＿＿＿

3. Supply Chain에서 귀사의 위치는 어디입니까?

　　원재료 공급자 _____,　　부분품 공급자 ______,

　　조립업자 ______,　　　제조업자 _____,　　유통업자 _____,

　　도매업자 _____,　　　　소매업자 _____.

4. 귀사의 규모에 대한 질문입니다. (　　　　) 안에 적어 주시기
　바랍니다.

　　종업원 수 (　　　), 자본금(　　　　), 작년 매출액(　　　)

5. 귀하의 직위, 부서 및 근무연수 _____________________

　　(연락처:　　　　　　　　　)

　　(설문응답 보충 시에만 연락하겠습니다. 알려주시면 연구에
　큰 도움이 되겠습니다.)

6. 본 설문지의 분석 결과를 원하십니까?

　　예 ________, 아니요 ________

▎약 력

홍익대학교 경영대학 경영학과 졸업
홍익대학교 일반대학원 경영학석사
홍익대학교 일반대학원 경영학박사
홍익대학교, 세명대학교, 순천향대학교 시간강사
홍익대학교 경영대학 경영연구소 연구원
한국생산관리학회 회원
한국 SCM학회 회원

▎주요논문 및 저서

「Supply Chain Partnerships and Supply Chain Integration: The Mediating Role of Information Quality and Sharing, International Journal of Logistics Systems and management」
「환경적 불확실성과 기업간 협력이 공급사슬 유연성에 미치는 영향 분석」
「SCM 실행과 SCM 성과의 관계: 최고경영자지원과 제품별 공급사슬적합성의 조절효과」
「정보공유 선행요인, 정보공유, 리스크정보공유가 공급사슬성과에 미치는 영향에 관한 연구」, 한국생산관리학회지
「공급사슬관리 실행과 성과간의 관계와 최고경영자의 조절역할에 관한 연구」
「공급사슬상의 파트너십이 공급사슬통합에 미치는 영향에 관한 연구: 정보공유와 정보품질의 매개역할을 중심으로」
「The Effects of Business Process Redesign on the Performance Outcomes of Supplier and Customer Relationships」
「산업유형별 SCM 도입 성공요인에 관한 연구」
「SCM관점에서 접근한 구입자-공급자 전략적 제휴관계에서 운송자 역할에 관한 연구」
「SCM 성공적 도입을 위해 고려해야 할 전략적 방안에 관한 연구」
「The Present Competitiveness of TQM in Service Industry」
「서비스·유통업의 품질경쟁력 현황분석」
「LG-EDS 품질경영사례」
「고객서비스를 고려한 병원의 품질경영」
「A Preliminary Study for The Establishment of TQM Scope in Korea」
「A Study of Quality Influence Factor for TQM Strategy in Hotel Business」
「호텔산업에서 TQM전략을 위한 품질영향요인에 관한 연구」

외 다수

광범위한 공급사슬관리 실행은
성과향상을 가져올 수 있는가

초판인쇄 | 2009년 1월 22일
초판발행 | 2009년 1월 22일

지은이 | 윤선희
펴낸이 | 채종준
펴낸곳 | 한국학술정보㈜
주 소 | 경기도 파주시 교하읍 문발리 513-5 파주출판문화정보산업단지
전 화 | 031) 908-3181(대표)
팩 스 | 031) 908-3189
홈페이지 | http://www.kstudy.com
E-mail | 출판사업부 publish@kstudy.com

등 록 |
가 격 | 19,500원

ISBN 978-89-534-0952-1 93320 (Paper Book)
     978-89-534-0961-3 98320 (e-Book)